（中法对照）

中国古代经典女性形象诗词精读

主编　程娥

武汉大学出版社

WUHAN UNIVERSITY PRESS

图书在版编目(CIP)数据

中国古代经典女性形象诗词精读:汉法对照/程娥主编.—武汉：武汉大学出版社,2023.8
ISBN 978-7-307-23728-5

Ⅰ.中⋯ Ⅱ.程⋯ Ⅲ.①汉语—对外汉语教学—语言读物 ②古典诗歌—诗歌欣赏—中国 Ⅳ.①H195.5 ②I207.2

中国国家版本馆 CIP 数据核字(2023)第 069661 号

责任编辑:王智梅 责任校对:汪欣怡 版式设计:马 佳

出版发行：武汉大学出版社 (430072 武昌 珞珈山)
(电子邮箱:cbs22@ whu.edu.cn 网址：www.wdp.com.cn)
印刷:武汉邮科印务有限公司
开本:720×1000 1/16 印张:22 字数:371 千字 插页:1
版次:2023 年 8 月第 1 版 2023 年 8 月第 1 次印刷
ISBN 978-7-307-23728-5 定价:98.00 元

目　　录

Xī　　Shī

西施

Lǐ　Bái

李白

故事背景：

　　西施，名夷光，春秋战国（公元前 770—前 221 年）时期越国人。最初，越国被吴国打败，越王勾践卧薪尝胆，并把西施和郑旦两个美女献给吴王夫差，成为夫差最宠爱的妃子。吴王沉湎女色，无心国事，众叛亲离，最终吴国被越国打败。

　　李白（701—762 年），字太白，今四川省江油市青莲乡人，号"青莲居士"，中国唐朝著名诗人。代表作有《望庐山瀑布》《行路难》《蜀道难》《将进酒》《梁甫吟》《早发白帝城》等。

Contexte：

　　Xi Shi, qui se prénommait Yi Guang, était née au royaume des Yue pendant les périodes des Printemps et des Automnes et des Royaumes combattants （770-221avant J. -C.）. Au début, le royaume des Yue fut vaincu par le royaume des Wu. Le roi Gou Jian du royaume des Yue « coucha sur la paille et suça le fiel » （expression signifiant être prêt à tous les sacrifices pour se venger）. Il offrit Xishi et Zhengdan au roi Fu Chai du royaume des Wu dont elles devinrent les concubines impériales les plus aimées. Elles séduisirent le roi des Wu qui mena une vie de débauche. Finalement, le royaume des Yue mit fin au règne du roi Fu Chai.

　　Li Bai （701-762） : Tai Bai de son prénom, était né au village de Qinglian près de la ville de Jiangyou dans la province du Sichuan. Aussi appelé « Qinglian Jushi », il fut un poète célèbre de la Dynastie des Tang. Ses chef-d'œuvres sont : *Contemplant la chute d'eau du mont Lu*, *Dure est la route*, *La route difficile de Shu*, *Invitation à boire*, *Liang Fuyin Départ matinal de la cité de l'Empereur Blanc* et bien d'autres œuvres.

xī shī yuè xī nǚ　　chū zì zhù luó shān
西施越溪女，出自苎萝山。

注释：

1. 西施：中国古代的四大美女之一。
2. 越溪：传说是西施浣纱的地方。
   越：越国，中国古代南方的一个诸侯国。溪：山里的小河沟。
3. 女：女子。
4. 出：出生。
5. 自：介词，从。
6. 苎萝山：山的名字。苎萝山在浙江省诸暨市南边。

译文：

xī shī běn lái shì yuè guó xiāng cūn de yī gè nǚ hái zi　　zài zhù
西施本来是越国乡村的一个女孩子，在苎

luó shān zhōng chū shēng　　zhǎng dà
萝山中出生、长大。

法语翻译 Traduction

1. 西施（Xī Shī）：XI Shi est considérée comme une des quatre beautés de la Chine antique.

2. 越溪（yuè xī）：On dit que c'est le ruisseau où XI Shi lave du linge.

越：Royaume des Yue. Un pays dans le sud de la Chine. 溪（xī）：Petit cours d'eau peu profond dans la montagne.

3. 女（nǚ）：Femme.

4. 出（chū）：Être né(e).

5. 自（zì）：Prép. Depuis（de）.

6. 苎萝山（zhù luó shān）：Nom d'une montagne. La montagne de Zhu Luo est au sud de la ville de Zhuji，province du Zhejiang.

西施本来是越国乡村的一个女孩子，在苎萝山中出生、长大。

Xi Shi est une jeune fille originaire d'un village du Royaume des Yue. Elle est née dans la montage Zhu Luo et y a grandi.

文化介绍 Civilisation

1. 卧薪尝胆（wò xīn cháng dǎn）：薪，柴草。这个成语的意思是：睡觉睡在柴草上，吃饭睡觉前都尝一尝苦胆。形容人刻苦自励，发奋图强。

Wò xīn cháng dǎn：xīn, la paille. Ce preoverb Chinois dit：Se coucher sur la paille et sucer le fiel avant de dîner et de se coucher. Cette expression décrit un homme prêt à tous les sacrifices pour se venger.

2. 众叛亲离（zhòng pàn qīn lí）：叛，背叛；离，离开。这个成语的意思是：众人反对，亲人背离。形容完全孤立。

Zhòng pàn qīn lí：pàn, être trahi；lí, quitter. Ce preoverb Chinois dit：Être abandonné par ses proches et renié par ses fidèles. Cette expression décit une solitude totale.

3. 中国古代四大美女（zhōng guó gǔ dài sì dà měi nǚ）：西施（Xī Shī）、貂

蝉（Diāo Chán）、王昭君（Wáng Zhāojūn）、杨玉环（Yáng Yùhuán）。

Zhōng guó gǔ dài sì dà měi nǚ：Quatre beautés de la Chine antique：西施（XI Shi）、貂蝉（DIAO Chan）、王昭君（WANG Zhaojun）、杨玉环（YANG Yuhuan）。

4. 浣（huàn）：洗。

Huàn：Laver.

课后练习 Exercices sur le texte

一、汉字练习 Caractères

1. 本 běn　　本来／基本／课本／本事／根本／本人／成本／书本／资本

本来（běn lái）：西施本来是越国人。

À l'origine：Xi Shi est une jeune fille originaire d'un village du Royaume des Yue.

2. 出 chū　　出生／出来／出去／出发／出现／出租汽车／演出／出版

出生（chū shēng）：西施出生在苎萝山中。

Naître：Elle est née dans la montage Zhu Luo.

二、语言讲解 Notes

西施本来是越国乡村的一个女孩子。

Xi Shi est une jeune fille originaire d'un village du Royaume des Yue.

本来：最开始，原本。比如：

Běn lái：À l'origine, au début. Par exemple：

我本来不知道，后来才知道。

À l'origine, je ne savais pas, je l'ai su après.

本来我打算去旅行，可是公司不放假。

À l'origine, je comptais voyager, mais la société ne nous a pas donné de vacances.

xiù sè yǎn jīn gǔ hé huā xiū yù yán
秀色掩今古，荷花羞玉颜。

注释：

1. 秀色：漂亮的容貌。
2. 掩：超过。
3. 今古：现在和过去。指从古到今。
4. 荷花：莲花。
5. 羞：使……感到害羞。
6. 玉颜：形容美丽的容貌，多指美女。

译文：

tā de xiù měi róng mào chāo guò le cóng gǔ dào jīn de suǒ yǒu měi
她 的 秀 美 容 貌 超 过 了 从 古 到 今 的 所 有 美
nǚ ràng měi lì de hé huā dōu jué de hài xiū
女 ，让 美 丽 的 荷 花 都 觉 得 害 羞 。

法语翻译 Traduction

1. 秀色(xiù sè)：Une belle apparence.

2. 掩(yǎn)：Dépasser.

3. 今古(jīn gǔ)：Présent et passé. Depuis les temps anciens.

4. 荷花(hé huā)：Fleur de lotus.

5. 羞(xiū)：Rendre quelqu'un timide.

6. 玉颜(yù yán)：Pourdécrire une belle apparence en particulier pour une belle femme.

她的秀美容貌超过了从古到今的所有美女，让美丽的荷花都觉得害羞。

Son allure est plus belle que celle de toutes les beautés de tous les temps. Sa beauté fait timide aux élégantes fleurs de lotus.

文化介绍 Civilisation

荷花(hé huā)：莲花，常用来形容美女。

Hé huā：Fleur de lotus, cela décrit souvent une belle femme.

课后练习 **Exercices sur le texte**

一、汉字练习 Caractères

1. 从 cóng　从……到/从前/从不/从没/从此/从来/从事/服从/自从

从（cóng）……到（dào）……：她的容貌超过了从古到今的所有美女。

De... à：Son allure est plus belle que celle de toutes les beautés de tous les temps.

2. 觉 jué　觉得/感觉/自觉/视觉/知觉/睡觉（jiào）

觉得（jué de）：她的美让荷花都觉得害羞。

Se sentir：Sa beauté fait timide aux élégantes fleurs de lotus.

3. 比（bǐ）　和……相比/比较/比赛/比如/对比/比分/比喻

和（hé）……相比（xiāng bǐ）：说到漂亮，没有人可以跟西施相比。

Comparé à：Quant à la beauté, personne n'est plus belle que Xishi.

二、语言讲解 Notes

让美丽的荷花都觉得害羞，难以跟她相比。

Sa beauté fait timide aux élégantes fleurs de lotus qui ne peuvent soutenir la comparaison.

跟……相比：表示比较。比如：

Comparé à：Sert de point de comparaison. Par exemple：

跟她相比，我的汉语说得好多了。

Je parle chinois mieux qu'elle.

跟足球比赛相比，我更喜欢看篮球比赛。

Je préfère voir un match de basketball à un match de football.

huàn shā nòng bì shuǐ　　zì yǔ qīng bō xián
浣 纱 弄 碧 水 ， 自 与 清 波 闲 。

注释：

1. 浣纱：洗衣服。
2. 弄：拨动。
3. 碧水：绿色的水。
4. 自：自由自在。
5. 与：跟，和。
6. 清波：清澈的水流。
7. 闲：悠闲。

译文：

xǐ yī fu de shí hou　　tā bō dòng qīng chè de xī shuǐ　　zì yóu
洗 衣 服 的 时 候 ， 她 拨 动 清 澈 的 溪 水 ， 自 由
zì zài de shén tài gēn qīng chè de shuǐ liú yī yàng yōu xián
自 在 的 神 态 跟 清 澈 的 水 流 一 样 悠 闲 。

法语翻译 Traduction

1. 浣纱（huàn shā）：Laver du linge.

2. 弄（nòng）：Toucher délicatement.

3. 碧水（bì shuǐ）：L'eau verte.

4. 自（zì）：Vivre sans contrainte.

5. 与（yǔ）：De même que.

6. 清波（qīng bō）：Cours d'eau limpide.

7. 闲（xián）：Sans souci, insouciant.

洗衣服的时候，她拨动清澈的溪水，自由自在的神态跟清澈的水流一样悠闲。

Quand elle lave du linge，quand elle touche délicatement le ruisseau limpide，son allure tranquille est de la même insouciance que celle du courant de l'eau claire.

文化介绍 Civilisation

清澈（qīng chè）：水清而且透明的样子。

Qīng chè：Cours d'eau limpide et claire.

课后练习 Exercices sur le texte

一、汉字练习 Caractères

1. 洗（xǐ） 洗衣服/洗衣机/洗澡

洗衣服：（xǐ yī fu）洗衣服的时候，她拨动清澈的溪水。

Laver du linge：Quand elle lave du linge，elle touche délicatement le ruisseau limpide.

2. 闲（xián） 清闲/悠闲/闲心/闲暇/闲钱

悠闲（yōu xián）：自由自在的神态跟清澈的水流一样悠闲。

Insouciant：Son allure tranquille est de la même insouciance que celle du courant de l'eau claire.

二、语言讲解

自由自在的神态跟清澈的水流一样悠闲。

Son allure tranquille est de la même insouciance que celle du courant de l'eau claire.

跟……一样，表示比较，两者差不多，比如：

De même：Comparaison qui indique que les deux sont parfaitement identiques. Par exemple：

哥哥跟弟弟一样，都很高。

Les deux frères sont de même taille.

……比……（更）……：表示比较，"更"表示程度更深。比如：

Plus... que... : Comparaison，« geng » indique une valeur encore plus grande. Par exemple：

在我们家，我比我哥哥胖，我弟弟比我更胖。

Chez moi, je suis plus gros que mon frère aîné, et mon jeune frère est encore plus gros que moi.

郑旦非常漂亮，西施比她更漂亮。

Zheng Dan est belle, mais Xi Shi est encore plus belle.

hào chǐ xìn nán kāi　 chén yín bì yún jiān

皓 齿 信 难 开 ， 沉 吟 碧 云 间 。

注释：

1. 皓齿：洁白的牙齿。皓：洁白。齿：牙齿。
2. 信：副词，确实。
3. 开：张开。
4. 沉吟：深思。
5. 碧云：青云，天空中的云。

译文：

rén men　 hěn shǎo jiàn tā　 lù chū jié bái de　 yá chǐ　 tā zài lán

（人 们 ）很 少 见 她 露 出 洁 白 的 牙 齿 ， 她 在 蓝

tiān bái yún xià chén sī　 bù yǔ

天 白 云 下 沉 思 不 语 。

法语翻译 Traduction

1. 皓齿（hào chǐ）：Dents blanches. 皓（hào）：Blanc. 齿（chǐ）：Les dents.

2. 信（xìn）：Adv. Vraiment.

3. 开（kāi）：Ouvrir.

4. 沉吟（chén yín）：Réfléchir, méditer.

5. 碧云（bì yún）：Des nuages dans le ciel.

（人们）很少见她露出洁白的牙齿，她在蓝天白云下沉思不语。

On la voit rarement sourire avec ses dents blanches, elle médite sous les nuages blancs et le ciel bleu.

文化介绍 Civilisation

沉思不语（chén sī bù yǔ）：静静地思考，一句话也不说的样子。

Chén sī bù yǔ：Méditer tranquillement sans dire un mot.

课后练习 Exercices sur le texte

汉字练习 Caractères

1. **齿（chǐ）**　牙齿/皓齿/龋齿/义齿

牙齿（yá chǐ）：她有一口洁白的牙齿。

Des dents：Elle a les dents d'une blancheur immaculée.

2. **蓝（lán）**　蓝天/蔚蓝/蓝色

蓝天（lán tiān）：蓝天白云下，她沉思不语。

Le ciel bleu：Elle médite sous les nuages blancs et le ciel bleu.

gōu jiàn zhēng jué yàn yáng é rù wú guān

勾践征绝艳，扬蛾入吴关。

注释：

1. 勾践：中国春秋时期越国一个国王的名字。
2. 征：征求。
3. 绝艳：艳丽得没有人能跟她相比的美女。

  绝：副词，独一无二的。
4. 扬蛾：指美女扬起眉毛的娇态。

  蛾：蛾眉，指美女细长弯曲的眉毛。
5. 入：进入。
6. 吴关：吴国的关口。这里指吴国的领地。

译文：

yuè wáng gōu jiàn zài quán guó zhēng qiú jué sè měi nǚ sòng gěi wú
越 王 勾 践 在 全 国 征 求 绝 色 美 女（送 给 吴
guó de guó wáng   yú shì xī shī jiù dào wú guó dāng le fēi zǐ
国 的 国 王 ），于 是 西 施 就 到 吴 国 当 了 妃 子。

法语翻译 Traduction

1. 勾践（gōu jiàn）：Le nom d'un roi du Royaume des Yue à l'époque des Printemps et des Automnes.

2. 征（zhēng）：Chercher.

3. 绝艳（jué yàn）：La plus belle beauté du monde. 绝（jué）：Adv，Unique.

4. 扬蛾（yáng é）：Une belle femme lève les sourcils. 蛾（é）：Des sourcils fins.

5. 入（rù）：Entrer.

6. 吴关（wú guān）：Désigne le territoire du Royaume des Wu.

越王勾践在全国征求绝色美女（送给吴国的国王），于是西施就到吴国当了妃子。

Comme le roi du Royaume des Yue cherchait la plus belle beauté du pays（présentée au roi du Royaume des Wu），XI Shi est alors envoyée au Royaume des Wu comme concubine impériale.

文化介绍 Civilisation

1. 吴国（wú guó）：春秋战国时代的一个古国。今江苏、安徽两省长江以南部分，是春秋中后期最强大的诸侯国之一。

Wú guó：Royaume des Wu. C'est un royaume à l'époque des Printemps et des Automnes et des Royaumes combattants. Il se situait dans la province du Jiangsu et de l'Anhui au sud du Fleuve Yangsté. C'est l'un des royaumes les plus puissants du milieu et de la fin des périodes des Printemps et des Automnes et des Royaumes combattants。

2. 越国（yuè guó）：春秋战国时代的一个古国。位于吴国之南，今浙江大部和江西一部分，公元前473年越国灭吴国后，其地盘扩展到了今山东东南部，成为一个东方大国。

Yuè guó：Royaume des Yue. C'est un royaume à l'époque des Printemps et des Automnes et des Royaumes combattants. Il se situait au sud du Royaume des Wu : Sur une grande partie de l'actuelle province du Zhejiang et une partie de l'actuelle province du Jiangxi. En 473 avant J. -C., le royaume des Yue qui a vaincu le royaume des Wu, s'est étendu jusqu'au sud-est de l'actuelle province du Shandong. Il est devenu un grand royaume de l'est.

课后练习 Exercices sur le texte

一、汉字练习 Caractères

1. 国（guó） 全国/国家/外国/祖国/国际/国籍/国旗/国有/邻国/王国
全国（quán guó）：越王在全国寻找美女。

Dans chaque royaume：Le roi du Royaume des Yue cherchait la plus belle femme du royaume.

2. 当（dāng） 当（dàng）适当/当作/当铺；当……的时候/当天/当年/当时/当初/当代/当心
当（dāng）：西施到吴国当了妃子。

Comme : XI Shi est alors envoyée au Royaume des Wu comme concubine impériale.

二、语言讲解 Notes

于是西施就到吴国当了妃子。

XI Shi est donc envoyée au Royaume des Wu comme concubine impériale.

于是：连词，由于前一件事情，另一件事情接着发生。比如：

Donc : Conjonction qui désigne qu'un événement se passe à la suite d'un événement précédent. Par exemple :

飞机还没到，于是我们去书店看了看。

她对北京不是很熟悉，于是我们找了一个当地的导游。

L'avion n'est pas encore arrivé, nous sommes donc allés à la librairie.

Elle ne connaît pas bien Beijing, nous avons donc trouvé un guide local.

tí xié guǎn wá gōng   yǎo miǎo jù kě pān
提 携 馆 娃 宫 ， 杳 渺 讵 可 攀 ！

注释:

1. 提携：牵扶。

2. 馆娃宫：春秋时期吴国一个宫殿的名字，相传是吴国国王夫差专门为西施建造的一个宫殿。

3. 杳渺：幽深隐秘的地方。

4. 讵：副词，表示反问，相当于"岂"。

5. 可：能够。

6. 攀：攀附，够得着。

译文:

wú wáng fū chāi fēi cháng chǒng ài xī shī tè yì wèi tā jiàn zào
吴 王 夫 差 非 常 宠 爱 西 施 ， 特 意 为 她 建 造
le guǎn wá gōng
了 "馆 娃 宫"。

guǎn wá gōng yōu shēn yǐn mì   yì bān rén bù néng gòu zài jiàn dào
馆 娃 宫 幽 深 隐 秘 ， 一 般 人 不 能 够 再 见 到
xī shī
西 施 。

法语翻译 Traduction

1. 提携(tí xié)：Se tirer.

2. 馆娃宫(guǎn wá gōng)：Nom d'un palais du Royaume des Yue à l'époque des Printemps et des Automnes. C'est le palais que le roi du Royaume des Wu，FU Chai a fait bâtir spécialement pour XI Shi.

3. 杳渺(yǎo miǎo)：Un endroit profond et serein.

4. 讵(jù)：Adv. Ne pas.

5. 可(kě)：Pouvoir.

6. 攀(pān)：Arriver à faire.

吴王夫差非常宠爱西施，特意为她建造了"馆娃宫"。馆娃宫幽深隐秘，一般人不能够再见到西施。

Le roi FU Chai du Royaume des Wu aimait beaucoup XI Shi，et lui a fait bâtir spécialement « le Palais de Guan Wa ». Ce Palais est si obscur et mystérieux que personne ne parvient à voir XI Shi.

文化介绍 Civilisation

夫差(fū chāi)：当时吴国国王的名字。公元前473年，勾践灭吴国，夫差自刎而死。

Fū chāi：Le nom du roi du Royaume des Wu. En 473 avant J. -C.，Le roi GOU Jian a vaincu le Royaume des Wu et FU Chai s'est suilidé.

课后练习 Exercices sur le texte

汉字练习 Caractères

1. 特 tè 特意/特产/特权/特色/特别/特点/特殊/奇特

特意(tè yì)：吴王特意为西施建造了"馆娃宫"。

Spécialement : Le roi FU Chai du Royaume des Wu lui a fait bâtir spécialement « le Palais de Guan Wa ».

2. 够 gòu　能够/不够

能够(néng gòu)：一般人不能够再见到西施。

Pouvoir：Personne ne parvient à voir XI Shi.

yī pò fū chāi guó qiān qiū jìng bù huán
一 破 夫 差 国 ， 千 秋 竟 不 还 。

注释：

1. 一：某一天。
2. 破：打败。
3. 国：国家。这里指吴国。
4. 千秋：千年，形容岁月长久。
5. 竟：竟然。
6. 还：回到原来的地方。

译文：

zhōng yú yǒu yī tiān bāng zhù yuè guó dǎ bài le wú wáng fū chāi
终 于 有 一 天 ， 帮 助 越 国 打 败 了 吴 王 夫 差
de guó jiā què zài méi yǒu huí dào zì jǐ de jiā xiāng
的 国 家 ， 却 再 没 有 回 到 自 己 的 家 乡 。

法语翻译 Traduction

1. 一(yī)：Il y a un jour，finalement.

2. 破(pò)：Battre.

3. 国(guó)：Pays, ici, indique le Royaume des Wu.

4. 千秋(qiān qiū)：Mille ans, décrit de longues années.

5. 竟(jìng)：À la surprise de quelqu'un.

6. 还(huán)：Revenir à l'endroit d'où l'on est parti.

终于有一天，帮助越国打败了吴王夫差的国家，却再也没有回到自己的家乡。

Finalement，elle aide le royaume des Yue à battre le royaume des Wu，mais elle ne retournera plus dans le Royaume des Yue.

课后练习 Exercices sur le texte

一、汉字练习 Caractères

1. 终 (zhōng)　终于/终点/终究/始终/终身/自始至终

终于(zhōng yú)：西施终于帮助越国打败了吴国。

Finalement：Finalement，elle aide le royaume des Yue à battre le royaume des Wu.

2. 败(bài)　打败/失败/败坏

打败(dǎ bài)：越国打败了吴国。

Battre：Elle aide le royaume des Yue à battre le royaume des Wu.

3. 乡(xiāng)　家乡/故乡/乡下/老乡/乡村

家乡(jiā xiāng)：西施再也没能够回到自己的家乡。

Le pays natal：Xishi ne retournera plus dans le Royaume des Yue.

二、语言讲解 Notes

终于有一天，帮助越国打败了吴王夫差的国家，却再没有回到自己的家乡。

Finalement, elle aide le royaume des Yue à battre le royaume des Wu, mais elle ne retournera plus dans le Royaume des Yue, son pays natal.

却：表示转折。一般放在主语之后，动词之前。比如：

Mais : Indique une opposition, il est mis après le sujet, devant le verbe. Par exemple :

他不觉得自己做错了，却责怪别人。

Il n'a pas reconnu sa faute, mais il s'en est pris aux autres.

我赶紧回家，她却走了。

Je suis rentré chez moi en toute hâte, mais elle était partie.

诗歌原文

西 施
Xī Shī

西施越溪女，出自苎萝山。
xī shī yuè xī nǚ　　chū zì zhù luó shān

秀色掩今古，荷花羞玉颜。
xiù sè yǎn jīn gǔ　　hé huā xiū yù yán

浣纱弄碧水，自与清波闲。
huàn shā nòng bì shuǐ　　zì yǔ qīng bō xián

皓齿信难开，沉吟碧云间。
hào chǐ xìn nán kāi　　chén yín bì yún jiān

勾践征绝艳，扬蛾入吴关。
gōu jiàn zhēng jué yàn　　yáng é rù wú guān

提携馆娃宫，杳渺讵可攀！
tí xié guǎn wá gōng　　yǎo miǎo jù kě pān

一破夫差国，千秋竟不还。
yī pò fū chāi guó　　qiān qiū jìng bù huán

原文翻译

XI Shi

XI Shi est une jeune fille originaire d'un village du Royaume des Yue. Elle est née dans la montage Zhu Luo et y a grandi. Son allure est plus belle que celle de toutes les beautés de tous les temps. Sa beauté fait timide aux élégantes fleurs de lotus qui ne peuvent soutenir la comparaison.

Quand elle lave du linge, quand elle s'amuse dans un ruisseau limpide, son allure tranquille est de la même insouciance que celle du courant de l'eau claire. Ses dents à la blancheur immaculée ne s'ouvrent que difficilement, elle médite sous les nuages blancs et le ciel bleu.

Comme le roi du Royaume des Yue cherchait la plus belle beauté du pays, XI Shi est alors envoyée au Royaume des Wu comme concubine impériale. Le roi FU Chai du Royaume des Wu aimait beaucoup XI Shi, et lui a fait bâtir spécialement « le Palais de Guan Wa ». Ce Palais est si obscur et mystérieux que personne ne parvient à voir XI Shi.

Finalement, elle aide le royaume des Yue à battre le royaume des Wu, mais elle ne retournera plus dans le Royaume des Yue.

Míng　Fēi　Qǔ　　Qí　Yǐ

明 妃 曲（其一）

La chanson de Ming Fei (I)

Wáng　An　Shí

王 安 石

故事背景：

明妃：王昭君，名嫱，字昭君，西汉南郡秭归人。她本来是汉元帝时期的一个宫女，晋朝时为避晋文帝司马昭讳，又称"明妃"。后来嫁给了匈奴呼韩邪单于，结束了汉与匈奴之间的战争，维护了汉匈之间长期友好、稳定的关系。

王安石（1021—1086 年）：字介甫，号半山，封荆国公。临川人，北宋杰出的政治家、思想家、文学家、改革家。作品有《王临川集》《临川集拾遗》等。

Contexte：

Ming fei：WANG Zhaojun，son prénom est Qiang，elle naquit sous Han de l'ouest à Zigui. Elle fut une femme du chambre de Han Yuan Di. À l'époque de la dynastie des Jin pour éviter l'utilisation du caractère Zhao réservé à l'empereur de Jin « Si Ma Zhao », on l'appelle « Ming fei ». Elle fut donnée comme femme à Hu Hanxie，chef des Xiongnu pour mettre fin à la guerre entre Han et Xiongnu et pour stabiliser la relation amicale entre les Han et les Xiongnu.

WANG Anshi（1021-1086）：Il se prénommait Jie Fu et s'appelait aussi Ban Shan. Il lui fut conféré le titre de « Jin Guo Gong ». Il naquit à Lin Chuan. Il fut un grand homme politique，penseur，écrivain et réformateur de la Dynastie des Song du Nord（960-1127）. Ses chef-d'oeuvres sont ：*Recueil de Wang Linchuan*，*Supplément du Recueil de Linchuan*，etc.

míng fēi chū chū hàn gōng shí　　lèi shī chūn fēng bìn jiǎo chuí
明妃初出汉宫时，泪湿春风鬓脚垂。

注释：

1. 明妃：中国古代四大美女之一，名字叫王昭君。

2. 初：当初。

3. 出：离开。

4. 汉宫：汉朝的宫殿。

5. 时：时候。

6. 泪：眼泪。

7. 湿：打湿、滴湿。

8. 春风：比喻女子美丽的脸。

9. 鬓脚：也就是"鬓角"，人脸上耳朵前边长头发的部位，也指长在那里的头发。

10. 垂：垂下。

译文：

dāng chū　　wáng zhāo jūn lí kāi hàn gōng yào yuǎn jià dào xiōng nú de
当初，王昭君离开汉宫要远嫁到匈奴的
shí hou　　yǎn lèi dǎ shī le tā měi lì de liǎn páng hé chuí xià de shuāng
时候，眼泪打湿了她美丽的脸庞和垂下的双
bìn
鬓。

法语翻译 Traduction

1. 明妃（míng fēi）：Elle est considérée comme une des quatre beautés de la Chine antique. Elle s'appelle WANG Zhaojun.

2. 初（chū）：Au départ.

3. 出（chū）：Quitter.

4. 汉宫（hàn gōng）：Palais des Han.

5. 时（shí）：Le moment.

6. 泪（lèi）：Les larmes.

7. 湿（shī）：Mouiller.

8. 春风（chūn fēng）：Métaphore qui désigne le beau visage d'une femme.

9. 鬓脚（bìn jiǎo）：Indique non seulement la partie latérale de la tête et l'oreille, mais aussi les cheveux des tempes.

10. 垂（chuí）：Retomber.

当初，王昭君离开汉宫要远嫁到匈奴的时候，眼泪打湿了她美丽的脸庞和垂下的双鬓。

Au départ, quand WANG Zhaojun quitte le Palais des Han et est envoyée à Xiongnu comme concubine impériale du roi des Xiongnu, les larmes inondent son beau visage et ses cheveux des tempes.

文化介绍 Civilisation

1. 避司马昭讳（bì sī mǎ zhāo huì）：司马昭，三国时期魏国的权臣，后追尊为晋文帝。

避……讳（bì……huì）：古代君王为了显示威严，规定人们说话中避免直呼其名或者在行文中直写其名，而以别的字代替。王昭君因为名字中有一个"昭"字和司马昭的"昭"相同，而被改称"明妃"。

Bì sī mǎ zhāo huì：SI Mazhao, un ministre dans le royaume Wei pendant la période des Trois Royaumes. Après sa mort, il a été honoré en tant qu'empereur de Jin Wen Di.

Bì……huì：Les empereurs de la Chine antique interdisaient au public de les appeler par leur nom ou d'écrire leur nom dans un texte et ils demandaient de le remplacer par un autre caractère. « Zhao » du nom « WANG Zhaojun » est le même que « Zhao » du « Si Ma Zhao », c'est pour cette raison qu'on la nomme avec un autre nom « Ming Fei ».

2. 汉宫(hàn gōng)：西汉王朝的宫殿。

Hàn gōng：Palais des Han de l'Ouest.

3. 匈奴(xiōng nú)：中国古代的游牧民族，战国时游牧在燕、赵、秦以北。东汉时分裂为南北两部，北匈奴在一世纪末为汉所败，西迁。南匈奴附汉，东晋时曾先后建立前赵、夏、北凉等政权。匈奴人是骑在马背上的民族，匈奴的骑兵擅长使用长矛和弓箭作战。

Xiōng nú：C'est une confédération de peuples nomades dans la Chine antique. À l'époque des Royaumes combattants, ils vivaient au nord des royaumes Yan, Zhao, Qin. Pendant la dynastie des Han de l'Est, elle est divisée en deux parties : le sud et le nord. Les Xiongnu du Nord furent vaincus par les Han à la fin du 1er siècle et déménagèrent vers l'ouest. Et les Xiongnu du sud rallièrent les Han. Dans la dynastie des Jin de l'Est, les Xiongnu fondèrent l'autorité de Qian Zhao, Xia et Bei Liang. Les Xiongnu étaient un peuple de cavaliers experts dans l'art de manier les arcs et les lances.

课后练习 Exercices sur le texte

汉字练习 Caractères

1. 初 chū　当初/最初/初级/初中

当初(dāng chū)：当初，王昭君离开汉宫要远嫁到匈奴。

Au début : Au début, WANG Zhaojun a quitté le Palais des Han et a été envoyée à Xiongnu comme concubine impériale du roi des Xiongnu.

2. 嫁 jià　出嫁/嫁妆/改嫁

嫁：王昭君嫁给了匈奴的王。

Épouser : WANG Zhaojun a épousé le roi des Xiongnu.

3. 湿 shī　打湿/湿润/潮湿/湿度

打湿(dǎ shī)：眼泪打湿了她的脸。

Mouiller : Les larmes inondent son beau visage.

4. 美 měi　美丽/美好/优美/赞美/精美/十全十美

美丽(měi lì)：她有一张美丽的脸。

Beau : Elle a un beau visage.

dī huái gù yǐng wú yán sè　shàng dé jūn wáng bù zì chí

低徊顾影无颜色，尚 得 君 王 不 自 持。

注释：

1. 低徊：徘徊，走来走去舍不得离开。
2. 顾影：回头看自己的影子。顾：回头看。影：身影。
3. 无：没有。
4. 颜色：光彩。
5. 尚：副词，还。
6. 得：使得。
7. 君王：皇帝。这里指汉元帝。
8. 不自持：不能够控制自己。自：自己。持：控制。

译文：

wáng zhāo jūn pái huái liú liàn　yī bù yī huí tóu　liǎn shàng méi
王 昭 君 徘 徊 留 恋，一 步 一 回 头，脸 上 没
yǒu yī diǎn guāng cǎi　hái shǐ dé huáng dì bù néng kòng zhì zì jǐ de
有 一 点 光 彩，还 使 得 皇 帝 不 能 控 制 自 己 的
gǎn qíng
感 情 。

法语翻译 Traduction

1. 低徊(dī huái)：Aller et venir，elle va et vient avec hésitation parce qu'elle ne veut pas quitter son pays natal.

2. 顾影(gù yǐng)：Elle tourne la tête et voit son ombre. 顾(gù)：Retourner la tête et voir. 影(yǐng)：Silhouette，ombre.

3. 无(wú)：Sans.

4. 颜色(yán sè)：Une beauté rayonnante.

5. 尚(shàng)：Adv. Encore.

6. 得(dé)：Être capable de (faire).

7. 君王(jūn wáng)：L'empereur，ici « Han Yuan Di » (l'empereur Yuan de la dynastie Han).

8. 不自持(bù zì chí)：Ne pas pouvoir s'empêcher. 自(zì)：Lui-même. 持(chí)：S'empêcher，contrôler ses sentiments.

王昭君徘徊留恋、一步一回头，脸上没有一点光彩，还使得君王不能控制自己的感情。

WANG Zhaojun hésite à partir. Elle tourne la tête à chaque pas. Son visage n'a plus sa beauté rayonnante，mais est encore capable de rendre l'empereur éperdument amoureux.

文化介绍 Civilisation

汉元帝(hàn yuán dì)：汉元帝刘奭(公元前 74—前 33 年)，是西汉第十一位皇帝。

Hàn yuán dì：Liu Shi (74-33 avant J-C.)，le onzième empereur des Han de l'Ouest.

课后练习 Exercices sur le texte

汉字练习 Caractères

1. 恋 liàn　*留恋/恋爱*

留恋(liú liàn)：王昭君很留恋自己的故乡。

Être attaché à：WANG Zhaojun est attachée à son pays natal.

2. 彩 cǎi　*光彩/精彩/彩色/色彩/剪彩*

光彩(guāng cǎi)：她的脸上没有一点儿光彩。

Une beauté rayonnante：Son visage n'a plus sa beauté rayonnante.

3. 控 kòng　*控制/控诉/遥控*

控制(kòng zhì)：她的美丽让君王不能控制自己的感情。

Contrôler：Sa beauté rend l'empereur éperdument amoureux.

guī　lái　què　guài　dān　qīng　shǒu　　rù　yǎn　píng　shēng　jǐ　céng　yǒu

归 来 却 怪 丹 青 手 ，入 眼 平 生 几 曾 有 ；

注释：

1. 归来：回来。指皇帝回到皇宫中。

2. 却：反而。

3. 怪：责怪。

4. 丹青手：画师，画工。

5. 入眼：进入视野。

6. 平生：一生，自出生以来。

7. 几曾：哪曾，何曾。

译文：

huáng　dì　huí　gōng　hòu　què　zé　guài　huà　shī　bǎ　tā　huà　de　tài　chǒu

皇 帝 回 宫 后 却 责 怪 画 师 把 她 画 得 太 丑 。
mù　guāng　suǒ　jí　　nǎ　lǐ　céng　jīng　jiàn　guò　xiàng　tā　nà　me　piào　liang　de

目 光 所 及 ，哪 里 曾 经 见 过 像 她 那 么 漂 亮 的
rén

人 ?!

法语翻译 Traduction

1. 归来(guī lái)：Rentrer, indique ici que l'empereur rentre au Palais impérial.

2. 却(què)：Mais.

3. 怪(guài)：Blamer, réprimander.

4. 丹青手(dān qīng shǒu)：Peintre.

5. 入眼(rù yǎn)：En vue.

6. 平生(píng shēng)：Depuis la naissance.

7. 几曾(jǐ céng)：Ne jamais.

皇帝回宫后却责怪画师把她画得太丑。目光所及，哪里曾经见过像她那么漂亮的人！

Après être rentré au palais impérial, l'empereur blâme le peintre qui n'a pas su reproduire la beauté de WANG Zhaojun. Depuis sa naissance, l'empereur n'a jamais vu de femme plus belle que WANG Zhaojun.

文化介绍 Civilisation

1. 画师(huà shī)：中国古代宫廷里专门为皇室画画的人，一些重要的仪式、活动都需要画师。

Huà shī：Peintres qui sont au service de l'empereur dans la Chine antique. Ils sont en charge de faire les portraits des belles femmes du palais pour les présenter à l'empereur et de peindre les évènements historiques.

2. 目光所及(mù guāng suǒ jí)：眼睛可以看到的范围。

Mù guāng suǒ jí：Distance à laquelle l'œil peut distinguer.

课后练习 Exercices sur le texte

一、汉字练习 Caractères

1. 怪 guài 责怪/奇怪/难怪/怪不得/怪异

责怪(zé guài)：君王责怪画画的人。

Blâmer, réprimander : L'empereur blâme le peintre.

2. 丑 chǒu 小丑/丑恶/丑事

丑：画画的人把她画得太丑了。

Laid：Le peintre n'a pas su reproduire sa beauté.

3. 曾 céng 曾经/不曾/何曾

曾经(céng jīng)：他哪里曾经见过像她那么漂亮的人！

Autrefois, avant : Il n'a jamais vu de femme plus belle qu'elle.

二、语言讲解 Notes

1. 皇帝回宫后却责怪画师把她画得太丑。

Après être rentré au palais impérial, l'empereur blâme le peintre qui n'a pas su reproduire sa beauté.

却：表示转折。一般放在主语之后，动词之前。比如：

Mais : Indique une opposition. Il est mis souvent derrière le sujet, devant le verbe. Par exemple :

他不觉得自己做错了，却责怪别人。

Il ne reconnaît pas ses fautes, mais il blâme celles des autres.

我赶紧回家，她却走了。

Je suis rentré chez moi en toute hâte, mais elle était partie.

2. 目光所及，哪里曾经见过像她那么漂亮的人！

Depuis sa naissance, il n'a jamais vu de femme plus belle qu'elle.

哪里：用于反问句，表示否定、没有。比如：

Na li : Est utilisé dans une question rhétorique, pour exprimer la négation. Par exemple :

他哪里见过这么漂亮的女孩儿?!

Il n'a jamais vu de fille aussi belle.

听见这个坏消息，她哪里吃得下啊?!

Apprenant cette mauvaise nouvelle, elle n'a plus d'appétit.

yì tài yóu lái huà bù chéng　　dāng shí wǎng shā máo yán shòu
意 态 由 来 画 不 成 ， 当 时 枉 杀 毛 延 寿 。

注释：

1. 意态：神情和姿态。

2. 由来：从来。

3. 画不成：画不出来，没有办法在画上表现出来。

4. 当时：指汉元帝责怪并且杀掉毛延寿的时候。

5. 枉：副词，白白地。

6. 杀：杀掉。

7. 毛延寿：当时皇宫里皇帝身边一个画师的名字。

译文：

qí shí　　xiàng wáng zhāo jūn zhè yàng de jué dài jiā rén　　tā de měi
其 实 ， 像 王 昭 君 这 样 的 绝 代 佳 人 ， 她 的 美
miào shén tài shì huà bù chū lái de　　dāng shí huáng dì bái bái cuò shā le
妙 神 态 是 画 不 出 来 的 ， 当 时 皇 帝 白 白 错 杀 了
huà shī máo yán shòu
画 师 毛 延 寿 。

法语翻译 Traduction

1. 意态(yì tài)：L'allure.

2. 由来(yóu lái)：Ne jamais.

3. 画不成(huà bù chéng)：Il n'est pas possible de la représenter en tableau.

4. 当时(dāng shí)：Le moment où « Han Yuan Di » blâme et tue MAO Yanshou.

5. 枉(wǎng)：Adv. Vainement.

6. 杀(shā)：Tuer.

7. 毛延寿(máo yán shòu)：Nom d'un peintre qui est au service de l'empereur.

其实，像王昭君这样的绝代佳人，她的美妙神态是画不出来的，当时皇帝白白错杀了画师毛延寿。

En fait, on ne peut pas représenter sur un tableau les expressions d'une extraordinaire beauté comme celles de WANG Zhaojun. C'est alors que l'empereur commit l'erreur de tuer inutilement ce peintre.

文化介绍 Civilisation

1. 毛延寿(máo yán shòu)：当时皇宫里皇帝身边一个画师的名字。他负责为宫里的美女画像，传说因为他故意把王昭君画丑了，皇帝看了画以后没有选她。

Máo yán shòu : Nom d'un peintre qui est au service de l'empereur. Il est en charge de faire les portraits des belles femmes du palais pour les présenter à l'empereur. On dit qu'il avait gâché la beauté de WANG Zhaojun sur un tableau, et que l'empereur ne la sélectionna pas.

2. 绝代佳人(jué dài jiā rén)：成语，当代独一无二的美女。

Jué dài jiā rén : Expression en quatre caractères signifiant une extraordinaire beauté.

课后练习 Exercices sur le texte

一、汉字练习 Caractères

1. 其 qí　其实/尤其/极其/其次/其他/其余/其中

其实(qí shí)：其实，她的美丽是别人画不出来的。

En fait：En fait, on ne peut pas représenter sur un tableau son extraordinaire beauté.

2. 神 shén　神态/神仙/眼神/精神/神话/神秘/神奇

神态(shén tài)：她的神态十分美妙。

Allure：Elle a une belle allure.

3. 错 cuò　错误/差错/不错/错字

错：当时君王错杀了画师。

Commettre l'erreur：C'est alors que l'empereur commit l'erreur de tuer inutilement ce peintre.

二、语言讲解 Notes

1.其实，像王昭君这样的绝代佳人，她的美妙神态是画不出来的。

En fait, on ne peut pas représenter sur un tableau les expressions d'une extraordinaire beauté comme celles de WANG Zhaojun.

其实：实际上，事实上。一般放在句子的开头或者主语之后。比如：

Qí shí：En fait, en effet. Cette locution est mise souvent au début d'une phrase ou derrière le sujet. Par exemple：

其实，汉语是一门很难却很有意思的语言。

En fait, le chinois est une langue difficile mais intéressante.

我其实不知道他住在哪儿。

En effet, je ne sais pas où il habite.

2. 当时皇帝白白错杀了画师毛延寿。

C'est alors que l'empereur commis l'erreur de tuer inutilement ce peintre.

白白：这里是指没有效果。比如：

Bái bái：Signifie « s'efforcer en vain de », « sans effet ». Par exemple：

他白来了，今天博物馆不开门。

Il est venu pour rien, aujourd'hui le musée est fermé.

老师白讲了，因为她一点儿也没听。

Le professeur a expliqué vainement car elle n'écoute pas du tout.

也表示没有付出代价。比如"白吃白喝"。

Il désigne aussi « pour rien, gratuit ». Par exemple « manger et boire gratuitement ».

yī qù xīn zhī gèng bù guī ， kě lián zhuó jìn hàn gōng yī

一去心知更不归，可怜着尽汉宫衣；

注释：

1. 一去：一旦离开。去：离开。

2. 心知：心里知道。

3. 更：副词，相当于"再"。

4. 归：回来。

5. 可怜：值得怜悯，值得同情。

6. 着：穿上。

7. 尽：完。

8. 汉宫：汉朝宫殿。这里指汉朝。

9. 衣：衣服。

译文：

yì lí kāi hàn cháo lǐng tǔ ， wáng zhāo jūn jiù zhī dào zì jǐ bù
一离开汉朝领土，王昭君就知道自己不
néng zài huí lái le ， kě lián tā chuān wán le cóng hàn cháo dài zǒu de yī
能再回来了，可怜她穿完了从汉朝带走的衣
fú
服

法语翻译 Traduction

1. 一去（yí qù）：Une fois qu'elle quitte. 去（qù）：Quitter.

2. 心知（xīn zhī）：Savoir.

3. 更（gèng）：Adv. Encore, de nouveau.

4. 归（guī）：Retourner.

5. 可怜（kě lián）：Pitoyablement.

6. 着（zhuó）：Revêtir.

7. 尽（jìn）：Épuiser.

8. 汉宫（hàn gōng）：Le palais de la dynastie des Han, indique ici la dynastie des Han.

9. 衣（yī）：Vêtement；habits.

一离开汉朝领土，王昭君就知道自己不能再回来了，可怜她穿完了从汉朝带走的衣服。

Lorsqu'elle quitte le territoire des Han, WANG Zhaojun sait qu'elle ne pourra plus y revenir. Pitoyablement, elle use tous les vêtements de style Han qu'elle avait apportés avec elle.

文化介绍 Civilisation

胡服（hú fú）：中国古代称北方及西方游牧民族的人为"胡人"，他们的服装被称为"胡服"。胡服一般多穿贴身短衣，方便骑马等活动。

Hú fú：Dans la Chine antique, on appelle « Hu ren » les minorités nationales au nord ou à l'ouest. Leurs vêtements sont appelés « Hu fu ». Les Hu fu sont en général des vêtements courts à même la peau pour monter facilement à cheval.

课后练习 Exercices sur le texte

一、汉字练习 Caractères

1. 离 lí　离开/距离/离婚/分离/离别/离休

离开(lí kāi)：一离开汉朝，王昭君就知道自己不能回去了。

Quitter：Lorsqu'elle quitte le territoire des Han, WANG Zhaojun sait qu'elle ne pourra plus y revenir.

2. 怜 lián　可怜/爱怜/自怜

可怜(kě lián)：可怜她穿完了从汉朝带来的衣服。

Pitoyablement：Pitoyablement, elle use tous ses vêtements de style Han qu'elle avait apportés avec elle.

3. 愿 yuàn　愿意/祝愿/自愿/志愿/心愿

愿意(yuàn yì)：她不愿意穿胡服。

Vouloir：Elle ne veut pas revêtir les vêtements des Hu.

二、语言讲解 Notes

一离开汉朝领土，王昭君就知道自己不能再回来了。

Lorsqu'elle quitte le territoire des Han, WANG Zhaojun sait qu'elle ne pourra plus y revenir.

一……就……：前一个动作刚刚发生，后一个动作很快接着发生。比如：

Yī……jiù：« Lorsque, dès que » : L'action suivante se passe immédiatement après que l'action précédente se soit passée. Par exemple :

她一听音乐就睡着了。

Dès qu'elle écoute de la musique, elle s'endort.

王昭君一离开汉朝，就再也回不去了。

Lorsqu'elle quitte le territoire des Han, WANG Zhaojun sait qu'elle ne pourra plus y revenir.

寄声欲问塞南事，只有年年鸿雁飞。

注释：

1. 寄声：托人带话。

2. 欲：想要。

3. 问：打听。

4. 塞南：边塞以南的地区，指中原。塞：边境。这里指汉朝和匈奴的边境。

5. 事：事情。

6. 年年：一年又一年。

7. 鸿雁：大雁。这里指书信。中国古代曾有人把书信绑在大雁的脚上传送，所以也把书信叫做"鸿雁"。

译文：

王昭君托人带话打听汉朝的事，只能靠书信每年南来北往地传递消息。

法语翻译 **Traduction**

1. 寄声(jì shēng)：Demander à quelqu'un de dire quelque chose de sa part.

2. 欲(yù)：Vouloir.

3. 问(wèn)：Demander.

4. 塞南(sài nán)：La région qui se situe au sud de la forteresse à la frontière, c'est-à-dire des plaines centrales de Chine.

塞(sài)：Frontière, ici, indique la frontière entre les Han et les Xiongnu.

5. 事(shì)：Les nouvelles.

6. 年年(nián nián)：Année après année.

7. 鸿雁(hóng yàn)：Oie sauvage. Ici, désigne les « courriers ».

王昭君托人带话打听汉朝的事，只有靠书信每年南来北往地传递消息。

WANG Zhaojun demande des nouvelles des Hans. Année après année, elle ne peut échanger des messages que par les courriers.

文化介绍 **Civilisation**

1. 鸿雁(hóng yàn)：大雁。这里指书信。中国古代曾有人把书信绑在大雁的脚上传递，所以也把书信叫做"鸿雁"。

Hóng yàn：Oie sauvage. Ici, désigne les « courriers ». Dans la Chine antique, on attachait les courriers aux pattes des oies sauvages qui les portaient à destination, c'est pourquoi on désignait les courriers par le nom d' « oie sauvage ».

2. 南来北往(nán lái běi wǎng)：成语，有的从南往北，有的从北往南，泛指来来往往。

Nán lái běi wǎng : Expression en quatre caractères. Certains montent du sud au nord, certains descendent du nord au sud. Il désigne « se déplacer librement ».

课后练习 Exercices sur le texte

汉字练习 Caractères

1. 托 tuō 托福/摩托车/委托/寄托

托(tuō)：王昭君托人打听汉朝的事情。

Charger quelqu'un de faire：WANG Zhaojun charge quelqu'un de l'informer des nouvelles des Han.

2. 惜 xī 可惜/珍惜/爱惜

可惜(kě xī)：可惜没有人来看她。

Malheureusement：Malheureusement personne ne vient la voir.

3. 靠 kào 靠山/可靠/依靠/靠近

靠：她只能靠书信传递故乡的消息。

Par le moyen de：Elle ne peut qu'échanger des messages au moyen de courriers.

4. 息 xī 信息/利息/安息/气息

消息(xiāo xi)：她靠书信知道故乡的消息。

Nouvelle：Elle est informée des nouvelles de son pays natal au moyen de courrier.

jiā rén wàn lǐ chuán xiāo xi　hǎo zài zhān chéng mò xiāng yì

家人万里传消息，好在毡城莫相忆；

注释：

1. 家人：王昭君家里的人。
2. 万里：很远的距离。
3. 传：传递。
4. 消息：音信，信息。
5. 好：好好地。
6. 毡城：匈奴人住在毡房里，所以把他们的城市叫毡城。
7. 莫：副词，不要。
8. 相忆：思念家人。

译文：

qīn rén cóng yáo yuǎn de jiā lǐ gěi tā chuán lái xiāo xi　nǐ yào
亲人从遥远的家里给她传来消息：你要
zài xiōng nú hǎo hǎo shēng huó　bú yào diàn jì jiā xiāng
在匈奴好好生活，不要惦记家乡。

法语翻译 **Traduction**

1. 家人(jiā rén)：Les membres de la famille de WANG Zhaojun.

2. 万里(wàn lǐ)：Très loin.

3. 传(chuán)：Transmettre.

4. 消息(xiāo xi)：Nouvelle.

5. 好(hǎo)：Bien.

6. 毡城(zhān chéng)：Comme les Xiongnu habitent dans des yourtes, on appelle leurs villes « ville des yourtes » . 城(chéng)：Les villes.

7. 莫(mó)：Adv. Ne pas…

8. 相忆(xiāng yì)：Penser aux membres de la famille.

亲人从遥远的家里给她传来消息：你要在匈奴好好生活，不要惦记家乡。

Elle reçoit un message de sa lointaine famille : il vaut mieux que vous profitiez bien de la vie à Xiongnu plutôt que de regretter votre pays natal.

文化介绍 **Civilisation**

毡城(zhān chéng)：匈奴人住在毡房里，所以把他们的城市叫毡城。

Zhān chéng : Comme les Xiongnu habitent dans des yourtes (type de tentes utilisées en Asie centrale), on appelle leurs villes « ville des yourtes ».

课后练习 **Exercices sur le texte**

汉字练习 **Caractères**

1. 遥 yáo　遥远/遥控

遥远(yáo yuǎn)：亲人从遥远的家里给她传来消息。

Lointain：Elle reçoit un message de sa lointainc famille.

2. 惦 diàn　惦记/惦念

惦记(diàn jì)：你要在匈奴好好生活，不要惦记家乡。

Regretter：Il vaut mieux que vous profitiez bien de la vie à Xiongnu plutôt que de regretter votre pays natal.

jūn bú jiàn zhǐ chǐ cháng mén bì ā jiāo
君不见咫尺长门闭阿娇，

rén shēng shī yì wú nán běi
人生失意无南北。

注释：

1. 君：古代对人比较尊敬的称呼。

2. 不见：看不到。

3. 咫尺：比喻非常近的距离。中国古代以八寸为一咫，十寸为一尺。

4. 长门：长门宫。汉朝一个宫殿的名字。

5. 闭：关押，幽禁。

6. 阿娇：汉武帝年轻时非常宠爱的一个妃子，后来汉武帝不再喜欢她了，就把她幽闭在长门宫里。

7. 失意：不顺心，不得志。

8. 无南北：不分东西南北。意思是不分在什么地方。

译文：

nǐ méi kàn dào ma dāng nián hàn wǔ dì shí fēn chǒng xìng de ā
你没看到吗？当年汉武帝十分宠幸的阿
jiāo hòu lái bèi yōu bì zài lěng gōng cháng mén gōng lǐ rén shēng
娇，后来被幽闭在冷宫——长门宫里。人生
yào shì dào le bú shùn xīn de shí hou shì bù fēn dì diǎn de
要是到了不顺心的时候，是不分地点的。

法语翻译 **Traduction**

1. 君(jūn)：Monsieur，appellation respectueuse.

2. 不见(bú jiàn)：Ne pas voir.

3. 咫尺(zhǐ chǐ)：Très près. Pouce（unité de longueur qui correspond à 1/30 mètre）dans la Chine antique，on appelle huit pouces « un 咫 »，dix pouces « un 尺 »（尺，unité de longueur qui équivaut au tiers d'un mètre）.

4. 长门(cháng mén)：Palais de Changmen. Nom d'un palais de la Dynastie des Han.

5. 闭(bì)：Mettre en prison，enfermer.

6. 阿娇(ā jiāo)：Concubine impériale dont l'empereur Han Wu Di est tombé amoureux quand il était jeune. Mais，plus tard，l'empereur ne l'aimait plus et l'a enfermée dans le Palais de Changmen.

7. 失意(shī yì)：Être poursuivi par la malchance.

8. 无南北（wú nán běi)：Ne pas distinguer la direction des points cardinaux — l'est，l'ouest，le sud et le nord. C'est-à-dire，ne pas choisir de lieu.

你没看到吗？当年汉武帝十分宠幸的陈阿娇，后来被幽闭在冷宫——长门宫里。人生要是到了不顺心的时候，是不分地点的。

N'avez-vous pas vu ? À cette époque，l'empereur Han Wu Di était tombé amoureux de A Jiao ; mais après il l'avait emprisonnée dans le palais lugubre de Changmen. Qu'importe le lieu，quand la vie n'est que frustrations.

文化介绍 **Civilisation**

1. 君(jūn)：古代对人比较尊敬的称呼，相当于"您"。

Jun：Appellation respectueuse dans la Chine antique，équivalent à « vous ».

2. 长门(cháng mén)：长门宫。汉朝一个宫殿的名字。

Cháng mén：Palais de Changmen. Nom d'un palais de la Dynastie des Han.

3. 阿娇(ā jiāo)：汉武帝(公元前 156—前 87 年)年轻时非常宠爱的一个妃

子，后来汉武帝不再喜欢她了，就把她幽闭在长门宫里。

Ā jiāo：Concubine impériale dont l'empereur Han Wudi（156—87 avant J. -C.）est tombé amoureux quand il était jeune. Mais, plus tard, l'empereur cessa de l'aimer et l'enferma dans le Palais de Changmen.

4. 冷宫（lěng gōng）：古代帝王安置失宠的后妃的地方。

Lěng gōng：Dans la Chine antique, le palais lugubre est l'endroit où les empereurs logent les concubines qu'ils n'aiment plus.

课后练习 Exercices sur le texte

一、汉字练习 Caractères

1. 生 shēng　人生/生病/新生/研究生/生人/天生/学生/野生/发生/留学生/生活/生日/先生/医生/出生/生意/生长/花生/陌生

人生（rén shēng）：人生中有不顺心的时候。

Vie：Dans la vie, il y a des frustrations.

2. 顺 shùn　顺心/顺便/顺利/通顺/一路顺风/顺序

顺心（shùn xīn）：人生要是到了不顺心的时候，是不分地点的。

Satisfaction：Qu'importe le lieu, quand la vie n'est que frustrations.

二、语言讲解 Notes

人生要是到了不顺心的时候，是不分地点的。

Qu'importe le lieu, quand la vie n'est que frustrations.

①要是：如果，表示假设。比如：

Yào shì：Si, indique une hypothèse. Par exemple：

要是王昭君不去匈奴，她的生活又会是什么样的呢？

Si WANG Zhaojun n'était pas allée à Xiongnu, qu'aurait été sa vie ?

我要是有时间，就会去旅行。

Si j'avais du temps, je voyagerais.

②是……的：表示强调，"……"可以是时间、地点、方式等，比如：

Shì……de ：Sert à mettre en relief le temps，le lieu，la façon，etc. Par exemple ：

火山是上个星期一爆发的。

C'est lundi dernier que le volcan a fait éruption.

我们是在一个朋友家认识的。

C'est chez un ami que nous avons fait connaissance.

这件衣服是我花 80 块在二手商店买的。

C'est ce vêtement que j'ai acheté à 80 Yuans dans un magasin de vente d'occasion.

诗歌原文

Míng Fēi Qǔ　Qí Yī
明妃曲(其一)

míng fēi chū chū hàn gōng shí　　lèi shī chūn fēng bìn jiǎo chuí
明妃初出汉宫时，泪湿春风鬓脚垂。

dī huái gù yǐng wú yán sè　　shàng dé jūn wáng bù zì chí
低徊顾影无颜色，尚得君王不自持。

guī lái què guài dān qīng shǒu　　rù yǎn píng shēng jǐ céng yǒu
归来却怪丹青手，入眼平生几曾有；

yì tài yóu lái huà bù chéng　　dāng shí wǎng shā máo yán shòu
意态由来画不成，当时枉杀毛延寿。

yī qù xīn zhī gèng bù guī　　kě lián zhuó jìn hàn gōng yī
一去心知更不归，可怜着尽汉宫衣；

jì shēng yù wèn sài nán shì　　zhǐ yǒu nián nián hóng yàn fēi
寄声欲问塞南事，只有年年鸿雁飞。

jiā rén wàn lǐ chuán xiāo xi　　hǎo zài zhān chéng mò xiāng yì
家人万里传消息，好在毡城莫相忆；

jūn bú jiàn zhǐ chǐ cháng mén bì ā jiāo　　rén shēng shī yì wú nán běi
君不见咫尺长门闭阿娇，人生失意无南北。

原文翻译

La chanson de Ming Fei (I)

Au départ, quand WANG Zhaojun quitte le Palais des Han et est envoyée à Xiongnu comme concubine impériale du roi des Xiongnu, les larmes inondent son beau visage et ses cheveux des tempes. WANG Zhaojun hésite à partir. Elle tourne la tête à chaque pas. Son visage n'a plus la beauté rayonnante, mais est encore capable de rendre l'empereur éperdument amoureux. Après être rentré au palais impérial, l'empereur blâme le peintre qui n'a pas su reproduire la beauté de WANG Zhaojun. Depuis sa naissance, l'empereur n'a jamais vu de femme plus belle que WANG Zhaojun. En fait, on ne peut pas représenter sur un tableau les expressions d'une extraordinaire beauté comme celles de WANG Zhaojun. C'est alors que l'empereur commit l'erreur de tuer inutilement ce peintre.

Lorsqu'elle quitte le territoire des Han, WANG Zhaojun sait qu'elle ne pourra plus y revenir. Pitoyablement, elle use tous les vêtements de style Han qu'elle avait apportés avec elle. WANG Zhaojun demande des nouvelles des Hans. Année après année, elle ne peut échanger des messages que par les courriers. Elle reçoit un message de sa lointaine famille : il vaut mieux que vous profitiez bien de la vie à Xiongnu plutôt que de regretter votre pays natal. N'avez-vous pas vu ? À cette époque, l'empereur Han était tombé amoureux de A Jiao ; mais après il l'avait emprisonnée dans le palais lugubre de Changmen. Qu'importe le lieu, quand la vie n'est que frustrations.

Míng Fēi Qǔ Qí Èr

明妃曲(其二)

La chanson de Ming Fei (II)

Wáng An Shí

王安石

míng fēi chū jià yǔ hú ér　zhān chē bǎi liàng jiē hú jī
明妃初嫁与胡儿，毡车百两皆胡姬。

注释：

1. 初：当初。

2. 嫁：女子结婚、出嫁。

3. 与：介词，给。

4. 胡儿：胡人。胡：中国古代对北方和西方游牧民族的称呼。儿：青年男子。

5. 毡车：用毛毡做车篷的车子，这里指北方匈奴人的车。

6. 百两：两，同"辆"，上百辆车子。

7. 皆：副词，都。

8. 胡姬：北方匈奴的女子。

译文：

dāng chū wáng zhāo jūn yào jià gěi xiōng nú chán yú de shí hou　chán
当初王昭君要嫁给匈奴单于的时候，单
yú dài zhe bǎi liàng zhān chē lái yíng qǔ zhāo jūn
于带着百辆毡车来迎娶昭君。

法语翻译 **Traduction**

1. 初（chū）：Au début.

2. 嫁（jià）：Nom d'une jeune fille à marier.

3. 与（yǔ）：Prép. À.

4. 胡儿（hú ér）：Les Hu. 胡（hú）：Dans la Chine antique, c'est l'appellation pour les ethnies du nord et du nord-ouest de la Chine. 儿（ér）：Appellation pour un jeune homme.

5. 毡车（zhān chē）：Voiture à cheval dont la bache qui protège du soleil, du vent et de la pluie, est en feutre.

6. 百两（bǎi liàng）：两，comme "辆"，beaucoup de voitures à cheval.

7. 皆（jiē）：Adv. Tous.

7. 胡姬（hú jī）：Les femmes Xiongnu.

当初王昭君要嫁给匈奴单于的时候，单于带着百辆毡车来迎娶昭君。

À l'origine WANG Zhaojun doit se marier à Chanyu des Xiongnu, Chanyu vient avec une centaine de chars à cheval pour épouser Zhaojun.

文化介绍 **Civilisation**

单于（chán yú）：匈奴最高首领的称号。

chán yú：Le titre du chef des Xiongnu.

课后练习 **Exercices sur le texte**

汉字练习 **Caractères**

1. 辆 liàng　　一辆车／车辆

辆：匈奴的君王带着百辆车来迎接昭君。

Spécificatif pour les véhicules：Chanyu vient avec une centaine de chars à cheval pour épouser Zhaojun.

2. 娶 qǔ 娶亲/娶妻/迎娶

娶：匈奴的君王娶王昭君为妻子。

Épouser：WANG Zhaojun s'est mariée au Chanyu des Xiongnu.

hán qíng yù shuō dú wú chù   chuán yǔ pí pa xīn zì zhī

含 情 欲 说 独 无 处 ， 传 与 琵 琶 心 自 知 。

注释：

1. 含情：满含深情。

2. 欲：想要。

3. 说：说话。

4. 独：副词，唯独。

5. 无处：没有处所，没有地方。

6. 传：传递。

7. 与：给。

8. 琵琶：一种乐器，靠弦发声。

9. 心自知：自己心里知道。

译文：

wáng zhāo jūn xiǎng sù shuō qíng gǎn   kě shì wú chù kě yǐ qīng sù

王 昭 君 想 诉 说 情 感 ， 可 是 无 处 可 以 倾 诉 ，

zhǐ hǎo yòng tán pí pa de fāng shì chuán dá xīn yì

只 好 用 弹 琵 琶 的 方 式 传 达 心 意 。

法语翻译 Traduction

1. 含情(hán qíng)：Plein de sentiments.

2. 欲(yù)：Vouloir.

3. 说(shuō)：Dire quelque chose à quelqu'un.

4. 独(dú)：Adv. Seulement.

5. 无处(wú chù)：Nulle part.

6. 传(chuán)：Exprimer.

7. 与(yǔ)：Prép. À.

8. 琵琶(pí pa)：Pipa. Instrument de musique, à quatre cordes.

9. 心自知(xīn zì zhī)：Savoir.

王昭君想诉说情感，可是无处可以倾诉，只好用弹琵琶的方式传达心意。

WANG Zhaojun voudrait exprimer ses sentiments, mais elle n'a pas la possibilité de parler seul à seul avec quelqu'un. Elle ne peut exprimer ses sentiments qu'en jouant de son pipa (sorte de guitare chinoise).

文化介绍 Civilisation

琵琶(pí pa)：一种乐器，用木做成，下部长圆形，上面有一个长柄，有四根弦，是中国民间流行的乐器。

Pí pa : Un instrument de musique en bois, avec un long fond rond, un long manche sur le dessus et quatre cordes. C'est un instrument folklorique chinois populaire.

课后练习 Exercices sur le texte

汉字练习 Caractères

1. 诉 sù　诉说/上诉/起诉/控诉

诉说（sù shuō）：王昭君想对人诉说自己的感情。

Dire quelque chose à quelqu'un：WANG Zhaojun voudrait exprimer ses sentiments à quelqu'un.

2. 独 dú　单独/独立/孤独/惟独/独特/独自

单独（dān dú）：他们两个人没有单独相处的空间。

Seul：Elle n'a pas la possibilité de pouvoir lui parler seul à seul.

3. 弹 tán

弹（tán）：王昭君只好弹琵琶传达心意。

Jouer（d'un instrument de musique）：WANG Zhaojun ne peut exprimer ses sentiments qu'en jouant de son pipa.

huáng jīn hàn bō chūn fēng shǒu tán kàn fēi hóng quàn hú jiǔ
黄 金 捍 拨 春 风 手 ， 弹 看 飞 鸿 劝 胡 酒 。

注释：

1. 黄金：金子，金子做的。
2. 捍拨：古代弹琵琶时拨动弦的工具。
3. 春风手：比喻能弹出美妙声音的手。
4. 弹：弹琵琶。
5. 飞鸿：大雁。
6. 劝：劝说。
7. 胡酒：匈奴人酿的酒。

译文：

wáng zhāo jūn de shǒu lǐ ná zhe huá lì de bō zi tán chū měi
王 昭 君 的 手 里 拿 着 华 丽 的 拨 子 ， 弹 出 美

miào de shēng yīn zài qián wǎng xiōng nú de lù shàng yī biān tán pí
妙 的 声 音 。 在 前 往 匈 奴 的 路 上 ， 一 边 弹 琵

pa yī biān kàn zhe tiān shàng de dà yàn yǐn xià hú jiǔ
琶 一 边 看 着 天 上 的 大 雁 ， 饮 下 胡 酒 。

法语翻译 Traduction

1. 黄金（huáng jīn）：Or.

2. 捍拨（hàn bō）：Plectre（accessoire servant à pincer les cordes de la guitare）.

3. 春风手（chūn fēng shǒu）：Métaphore en désignant les mains qui peuvent jouer de la musique merveilleuse.

4. 弹（tán）：Jouer du pipa.

5. 飞鸿（fēi hóng）：Oie sauvage.

6. 劝（quàn）：Essayer de persuader.

7. 胡酒（hú jiǔ）：Vin fait par les Xiongnu.

王昭君的手里拿着华丽的拨子，弹出美妙的声音。在前往匈奴的路上，一边弹琵琶一边看着天上的大雁，饮下胡酒。

WANG Zhaojun manie superbement le plectre. Sur la route de Xiongnu, elle joue du pipa en regardant les oies sauvages voler dans le ciel, et boit du vin des Xiongnu.

文化介绍 Civilisation

劝酒（quàn jiǔ）：中国酒文化的重要内容，有礼有节地劝客人饮酒。文中有勉强饮下的意思。

Quàn jiǔ : Boire du vin est une partie importante de la culture chinoise. On entraînait poliment les invités à boire du vin. Dans le texte, c'est pour dire qu'elle boit du vin à contrecœur.

课后练习 Exercices sur le texte

一、汉字练习 Caractères

1. 拿 ná　拿手/拿……来说

拿：王昭君的手里拿着华丽的拨子。

Manier：WANG Zhaojun manie superbement le plectre.

2. 相 xiāng　互相/相信/相反/相似/相同/相比/相差/相关/相等

相 Xiàng：相机/相貌/相声

互相(hù xiāng)：她和人们互相劝酒。

Mutuel：Elle exhorte les gens à boire du vin.

二、语言讲解 Notes

一边弹琵琶一边看着天上的大雁，饮下胡酒。

Elle joue du pipa en regardant les oies sauvages voler dans le ciel et boit du vin des Xiongnu.

一边……一边……：一个动作进行的时候，另一个动作也在进行。比如：

Yī biān……yī biān：Pour dire qu'une action se produit simultanément avec une autre action.

人们一边喝酒，一边聊天。

Les gens prennent un verre en bavardant.

她一边弹琵琶，一边看着天上的大雁。

Elle joue du pipa en regardant les oies sauvages voler dans le ciel.

hàn gōng shì nǚ àn chuí lèi　　shā shàng xíng rén què huí shǒu
汉宫侍女暗垂泪，沙上行人却回首。

注释：

1. 汉宫：汉朝的宫殿。
2. 侍女：陪在尊贵的人旁边的女子。
3. 暗：偷偷地。
4. 垂泪：掉眼泪。
5. 行人：使者。
6. 却：再，又。
7. 回首：回头。首：头。

译文：

péi tā chū jià de hàn gōng shì nǚ àn àn liú lèi　sòng tā chū jià
陪她出嫁的汉宫侍女暗暗流泪，送她出嫁
de shǐ zhě　zài dà mò lǐ yí cì cì huí tóu
的使者，在大漠里一次次回头。

法语翻译 Traduction

1. 汉宫（hàn gōng）：Le palais de la dynastie des Han.

2. 侍女（shì nǚ）：Les filles qui accompagnent les nobles et sont à leur disposition.

3. 暗（àn）：En cachette.

4. 垂泪（chuí lèi）：Pleurer.

5. 行人（xíng rén）：Les envoyées.

6. 却（què）：Encore.

7. 回首（huí shǒu）：Tourner la tête. 首（shǒu）：La tête.

陪她出嫁的汉宫侍女暗暗流泪，送她出嫁的使者，在大漠里一次次回头。

Les servantes du Palais Han qui l'accompagnaient à son mariage versaient des larmes, les envoyées des mariés regardaient en arrière maintes fois dans le désert.

课后练习 Exercices sur le texte

一、汉字练习 Caractères

禁 jīn 禁不住/禁得起 禁 jìn：禁区/禁止/严禁

禁不住（jīn bu zhù）：她禁不住暗暗落泪。

Ne pas pouvoir s'empêcher：Elle ne peut pas s'empêcher de pleurer en cachette.

陪她出嫁的汉宫侍女暗暗流泪。

Les servantes du Palais Han qui l'accompagnaient à son mariage versaient des larmes.

二、语言讲解 Notes

暗暗：不想让别人察觉，行动隐蔽。比如：

En cachette：Ne pas vouloir montrer à tout le monde. Une action qui se passe à la dérobée. Par exemple：

她只能暗暗落泪，不敢大声地哭。

Elle ne pleure qu'en cachette et n'ose pas pleurer en public.

hàn ēn zì qiǎn hú zì shēn　　rén shēng lè zài xiāng zhī xīn
汉 恩 自 浅 胡 自 深 ， 人 生 乐 在 相 知 心 。

注释：

1. 恩：恩情。
2. 自：自然，当然。
3. 浅：不深。
4. 胡：这里指匈奴单于。
5. 乐：快乐。
6. 在：在于。
7. 相知心：互相理解。

译文：

　　bù guǎn　hàn ēn qiǎn　hái shì　hú ēn shēn　　rén shēng zuì kuài lè
（不 管 ）汉 恩 浅 （还 是 ）胡 恩 深 ，人 生 最 快 乐
de shì néng xiāng hù liǎo jiě duì fāng de xīn
的 是 能 相 互 了 解 对 方 的 心 。

法语翻译 **Traduction**

1. 恩（ēn）：La bienveillance.

2. 自（zì）：Évidemment，certainement.

3. 浅（qiǎn）：Peu profond.

4. 胡（hú）：Ici indique Chanyu de Xiongnu.

5. 乐（lè）：La joie.

6. 在（zài）：Consister en.

7. 相知心（xiāng zhī xīn）：Se comprendre.

（不管）汉恩浅（还是）胡恩深，人生最快乐的是能相互了解对方的心。

Quelle que soit la profondeur de l'amour que l'empereur des Han ou que Chanyu de Xiongnu éprouve pour WANG Zhaojun，la plus grande joie de la vie est de pouvoir comprendre les sentiments de son partenaire.

课后练习 **Exercices sur le texte**

一、汉字练习 **Caractères**

1. 管 guǎn　不管/管理/尽管/保管/管子/血管/主管

不管（bù guǎn）：不管是汉朝还是匈奴，都对她很好。

Quel que soit（N'importe lequel）：Que ce soit l'empereur des Han ou le Chanyu des Xiongnu，tous deux éprouvent de l'amour pour elle.

2. 解 jiě　了解/解答/解释/理解/分解/不解/和解/讲解/解除/误解

了解（liǎo jiě）：人生最大的快乐是能相互了解对方的心。

Comprendre：La plus grande joie de la vie est de pouvoir comprendre les sentiments de son partenaire.

二、语言讲解 **Notes**

（不管）汉恩浅（还是）胡恩深，人生最大快乐的是能相互了解对方的心。

Quelle que soit la profondeur de l'amour que l'empereur des Han ou que le Chanyu de Xiongnu éprouve pour WANG Zhaojun, la plus grande joie de la vie est de pouvoir comprendre les sentiments de son partenaire.

不管：不考虑，不用去想，后面的句子或者短语可以使用表示选择的"还是"，表示各种不同的情况，一般和"都"连用，表示结果不会因为情况的不同而改变。比如：

Bù guǎn：Que + subjonctif... quel（le）que soit... La phrase ou la locution suivant « hai shi » désigne les différentes alternatives, elle est suivie de « dōu » pour indiquer que le résultat ne changera pas malgré les circonstances différentes.

Par exemple ：

不管人在中国还是在外国，我都离不开茶。

Je ne me passe pas de thé que je sois en Chine ou à l'étranger.

不管你明天来还是后天来，都不要忘记带上这本书。

N'oublie pas d'apporter ce livre, que tu viennes demain ou après-demain.

或者直接用动词(Verb)"V 不 V"、形容词(Adj)"A 不 A"的形式表示不同的情况，比如：

Que + verbe. "V 不 V" désigne des cas différents. Par exemple ：

不管你喜(欢)不喜欢，你都应该谢谢别人。

Que tu veuilles ou non, il te faut les remercier.

不管你高(兴)不高兴，你都应该说再见。

Que tu sois heureux ou non, tu dois dire au revoir.

不管你去不去，我已经(都)决定去了。

Que tu y ailles ou non, moi j'irai.

kě lián qīng zhǒng yǐ wú mò　　shàng yǒu āi xián liú zhì jīn
可怜青冢已芜没，尚有哀弦留至今。

注释：

1. 可怜：可叹，让人叹息。

2. 青冢：指王昭君的墓。冢：坟墓。

3. 已：已经。

4. 芜没(mò)：指掩没在荒草中间。

5. 尚：还。

6. 哀弦：悲凉的弦乐声。

7. 留：留传。

8. 至今：直到今天。

译文：

kě tàn wáng zhāo jūn yǐ sǐ 　　 tā de fén mù yě mái mò zài huāng cǎo
可叹王昭君已死，她的坟墓也埋没在荒草

zhōng　　bù guò hái yǒu pí pa de bēi āi xián shēng liú chuán dào jīn tiān
中，不过还有琵琶的悲哀弦声留传到今天。

法语翻译 Traduction

1. 可怜（kě lián）：Faire soupirer.
2. 青冢（qīng zhǒng）：Tombe de WANG Zhaojun. 冢（zhǒng）：Tombe.
3. 已（yǐ）：Déjà.
4. 芜没（wú mò）：Être couvert d'herbes folles.
5. 尚（shàng）：Encore.
6. 哀弦（āi xián）：Musique mélancolique.
7. 留（liú）：Transmettre.
8. 至今（zhì jīn）：Jusqu'à présent.

可叹王昭君已死，她的坟墓也埋没在荒草中，不过还有琵琶的悲哀弦声留传到今天。

On peut déplorer que WANG Zhaojun soit morte et que sa tombe soit couverte d'herbes folles. Mais la musique mélancolique qu'elle joua sur le pipa s'est perpétuée jusqu'à nos jours.

文化介绍 Civilisation

青冢（qīng zhǒng）：人们对王昭君的坟墓的称呼，据说她坟墓上的草到了秋天也不会枯黄，所以称为"青冢"，无论是真是假，表达了人们一种美好的祝愿。

Qīng zhǒng：L'appellation de la tombe de WANG Zhaojun. On dit que les herbes sur sa tombe ne jaunissent jamais en automne, on l'appelle donc « la tombe verte ». Cette appellation exprime un souhait, qu'il soit vrai ou qu'il soit faux.

课后练习 Exercices sur le texte

一、汉字练习 Caractères

1. 叹 tàn　可叹/叹气/赞叹

可叹(kě tàn)：可叹王昭君已经死了。

Déplorer：On peut déplorer que WANG Zhaojun soit morte.

2. 坟 fén　坟墓/坟地

坟墓(fén mù)：她的坟墓现在已经埋没在荒草中。

Tombe：Sa tombe est couverte d'herbes folles.

3. 过 guò　不过/过来/过去/经过/通过/超过/度过/过程/过年/难过/过分/过度/过失

不过(bù guò)：不过，她的琵琶声留传到今天。

Mais：Mais la musique mélancolique qu'elle joua sur le pipa s'est perpétuée jusqu'à nos jours.

二、语言讲解 Notes

可叹王昭君已死，她的坟墓也埋没在荒草中。

On peut déplorer que WANG Zhaojun soit morte et que sa tombe soit couverte d'herbes folles.

可叹：让人叹息。"可+Verb"结构用于表示"让人……"，比如：可爱、可悲、可怜、可恨、可气、可靠、可惜、可笑、可信、可疑，等等。

Déplorer : Regretter vivement quelque chose. La forme " 可+Verbe " est un adjectif qui signifie « faire + verbe », par exemple : gentil (faire aimer), tragique, pauvre, détestable (faire détester), énervant (faire énerver), sûr (faire assurer), regrettable (faire regretter), ridicule, croyable (faire croire), suspect (faire suspecter), etc.

诗歌原文

明妃曲（其二）

明妃初嫁与胡儿，毡车百两皆胡姬。

含情欲说独无处，传与琵琶心自知。

黄金捍拨春风手，弹看飞鸿劝胡酒。

汉宫侍女暗垂泪，沙上行人却回首。

汉恩自浅胡自深，人生乐在相知心。

可怜青冢已芜没，尚有哀弦留至今。

原文翻译

La chanson de Ming Fei(II)

À l'origine WANG Zhaojun doit se marier à Chanyu des Xiongnu, Chanyu vient avec une centaine de chars à cheval pour épouser Zhaojun. WANG Zhaojun voudrait exprimer ses sentiments, mais elle n'a pas la possibilité de parler à quelq'un seul à seul. Elle ne peut exprimer ses sentiments qu'en jouant de son pipa (sorte de guitare chinoise). WANG Zhaojun manie superbement le plectre. Sur la route de Xiongnu, elle joue du pipa en regardant les oies sauvages voler dans le ciel et boit du vin des Xiongnu. Les servantes du Palais Han qui l'accompagnaient à son mariage versaient des larmes, les emoyées des mariés regardaient arrière maintes fois dans le désert. Quelle que soit la profondeur de l'amour que l'empereur des Han ou que Chanyu de Xiongnu éprouve pour WANG Zhaojun, la plus grande joie de la vie est de pouvoir comprendre les sentiments de son partenaire. On peut déplorer que WANG Zhaojun soit morte et que sa tombe soit couverte d'herbes folles. Mais la musique mélancolique qu'elle joua sur le pipa s'est perpétuée jusqu'à nos jours.

Mù   Lán   Shī

木兰诗

L'épopée de Mulan

故事背景：

　　《木兰诗》是一首长篇叙事诗歌，收录于宋朝郭茂倩所编的《乐府诗集》中，代表了北朝乐府民歌杰出的成就。它的产生年代及作者不详，一般认为它产生于北魏，创作于民间。

　　《木兰诗》讲述了这样一个故事：一个叫花木兰的女孩，女扮男装，代父从军，在战场上建立战功，回朝后不愿作官，只求回乡与家人团聚。诗中的花木兰勤劳善良、热爱自己的国家，有着端庄从容的气度，虽然是一个女子，却能不怕困难、英勇杀敌。这首诗歌不仅反映出当时北方游牧民族普遍的尚武风气，更表现了北方人民厌恶战乱，渴望和平的愿望。由于木兰是一个女孩儿，也冲击了封建社会对女性的偏见，"父母始知生女与男同"。

　　木兰的故事深入人心，流传至今，根据她的故事拍成的动画片、电影等在全世界播放。

Contexte：

　　L'épopée de Mulan est une longue balade. C'est un chef-d'œuvre des « Chants populaires Yuefu » de la Dynastie des Song Nord, compilée par Guo Maoqian de la dynastie des Song. On ne connaît ni son auteur ni la date de sa création. On dit que cette épopée populaire fut composée à l'époque de la Dynastie des Wei du Nord.

　　L'épopée de Mulan nous raconte l'histoire d'une fille qui s'appelle HUA Mulan. Elle se déguisa en homme pour s'engager dans l'armée à la place de son père. Elle devint Général après s'être distinguée par ses mérites militaires sur les champs de batailles. Quand elle rentra au pays natal, elle ne demanda comme récompense qu'à retourner chez ses parents et à vivre avec sa famille.

　　Le poème décrit avec des mots justes la grandeur d'âme et l'honnêteté de HUA Mulan, son sang-froid et son ardente dévotion à sa patrie. Bien qu'elle fût une fille, elle fit preuve d'un grand courage et lutta héroïquement contre les ennemis. Cette balade montre que les peuples nomades aimaient pratiquer les arts martiaux, et que les habitants du Nord de la Chine détestaient la guerre et aspiraient à la paix. Comme Mulan est une fille, cette histoire combat les préjugés sur l'inégalité entre les garçons et les filles dans la société féodale. « Les parents savent que donner naissance à une fille est équivalent à donner naissance à un garçon. »

　　Depuis, l'histoire de HUA Mulan inspire le respect de tous les Chinois. Maintenant, des dessins animés, des films inspirés de l'histoire de HUA Mulan, sont diffusés dans le monde entier.

jī jī fù jī jī　 mù lán dāng hù zhī
唧 唧 复 唧 唧 ， 木 兰 当 户 织 。
bù wén jī zhù shēng　 wéi wén nǚ tàn xī
不 闻 机 杼 声 ， 唯 闻 女 叹 息 。

注释：

1. 唧唧：织布时织布机发出的声音。

2. 复：再，不停地。

3. 木兰：花木兰，是中国古代南北朝时期的一个女子，她女扮男装，替父从军。

4. 当：对着。

5. 户：房门，门口。

6. 织：纺织，织布。

7. 闻：听见。

8. 机杼：织布机和织布机里的梭子。

9. 唯：副词，只。

译文：

zhī bù jī de 　 jī jī shēng bù tíng de xiǎng 　 huā mù lán zhèng duì
织 布 机 的 "唧 唧"声 不 停 地 响 ， 花 木 兰 正 对
zhe mén kǒu máng zhe zhī bù 　　 tū rán 　 tīng bú jiàn lái huí zhī bù de
着 门 口 忙 着 织 布 。(突 然)听 不 见 来 回 织 布 的
shēng yīn 　 zhǐ tīng jiàn gū niang de tàn xī yī shēng yòu yī shēng
声 音 ， 只 听 见 姑 娘 的 叹 息 一 声 又 一 声 。

法语翻译 Traduction

1. 唧唧（jī jī）：Bruit aigu produit par le métier à tisser.

2. 复（fù）：De nouveau, sans cesse.

3. 木兰（mù lán）：HUA Mulan est une jeune fille qui vivait à l'époque des dynasties des Song du Nord et du Sud. Elle se déguisa en garçon pour remplacer son père âgé et servir comme soldat dans l'armée.

4. 当（dāng）：Face à.

5. 户（hù）：La porte, l'entrée.

6. 织（zhī）：Filer, tisser.

7. 闻（wén）：Entendre.

8. 机杼（jī zhù）：Le métier à tisser et la navette du métier à tisser.

9. 唯（wéi）：Adverbe, seulement.

织布机的"唧唧"声不停地响，花木兰正对着门口忙着织布。（突然）听不见来回织布的声音，只听见姑娘的叹息一声又一声。

Dji dji dji dji est le bruit incessant du métier à tisser, Mulan assise face à la porte est en train de tisser. Soudain on n'entend plus le bruit de l'appareil, on n'entend que les soupirs d'une jeune fille.

文化介绍 Civilisation

织布（zhī bù）："男耕女织"是农业社会中男女分工辛勤劳动，男人种田，女人织布，分工劳动自给自足。

zhī bù：Dans la Chine antique, « nan geng nü zhi » désigne que dans la société agricole, l'homme travaille aux champs, la femme tisse à la maison. Ils vivent en autarcie.

课后练习 Exercice sur le texte

一、汉字练习 Caractères

1. 停 tíng　不停/停留/停顿/停止

不停(bù tíng)：织布机不停地响。

Sans cesse：Le bruit du métier à tisser est incessant.

2. 声 shēng　声音/声调/声明/相声/掌声/名声/呼声/大声

声音(shēng yīn)：突然听不见织布机的声音。

Le bruit：Soudain on n'entend plus le bruit de l'appareil.

3. 叹 tàn　叹息/叹气/赞叹

叹息(tàn xī)：只听见她的叹息声，一声又一声。

Le soupir：On n'entend que ses soupirs.

二、语言讲解 Notes

1. 花木兰正对着门口忙着织布。

Mulan assise face à la porte est en train de tisser.

着：助词，表示动作正在进行或状态的持续。比如：

Zhe：Particule désignant l'action en train de se faire ou un état continu. Par exemple：

她一个人走着。

Elle marche seule.

常常和"正(在)"一起使用，表示动作正在进行。比如：

Elle s'emploie souvent avec « Zheng (zai) » pour exprimer que l'action est en train de se faire. Par exemple：

他正(在)开着会。

Il est en réunion en ce moment.

木兰正(在)对着门忙着织布。

Mulan assise face à la porte est en train de tisser.

2. 一声又一声。

Un soupir après l'autre.

……又……：表示重复或继续相同的事情。比如：

« ... you... » : Indique la répétition ou la continuité d'une même action. Par

exemple ：

这部电影他看了一次又一次。

Il a vu ce film plusieurs fois.

她访问了一个又一个不同的人。

Elle a eu un entretien avec des gens différents.

wèn nǚ hé suǒ sī wèn nǚ hé suǒ yì
问 女 何 所 思 ， 问 女 何 所 忆 。
nǚ yì wú suǒ sī nǚ yì wú suǒ yì
女 亦 无 所 思 ， 女 亦 无 所 忆 。

注释：

1. 何：代词，什么。
2. 所：助词，用在动词前，构成宾语前置。
3. 思：思考。"何所思"就是"所思何"，思考什么。
4. 忆：想念。"何所忆"就是"所忆何"，想念什么。
5. 亦：副词，也。
6. 无：没有。

译文：

qīng shēng wèn gū niang nǐ zài sī kǎo shén me zài xiǎng niàn shén
轻 声 问 姑 娘 ：你 在 思 考 什 么 ， 在 想 念 什
me
么 ？

mù lán huí dá shuō gū niang wǒ méi yǒu sī kǎo shén me yě méi
（木 兰 回 答 说 ）姑 娘 我 没 有 思 考 什 么 ， 也 没
yǒu sī niàn shén me
有 思 念 什 么 。

法语翻译 Traduction

1. 何（hé）：Pronom interrogatif, qui sert à interroger sur une chose（= que）.

2. 所（suǒ）：Particule, utilisée avant les verbes pour indiquer l'objet de l'action.

3. 思（sī）：Réfléchir. 何所思（hé suǒ sī）：Réfléchir à.

4. 忆（yì）：Penser. 何所忆（hé suǒ yì）：Penser à.

5. 亦（yì）：Adv. Aussi.

6. 无（wú）：Rien.

轻声问姑娘：你在思考什么，在想念什么？（木兰回答说）姑娘我没有思考什么，也没有思念什么。

À voix basse, on demande à la jeune fille : À quoi songez-vous ? À qui pensez-vous ? Mulan répond : je ne songe à rien ni ne pense à personne.

文化介绍 Civilisation

姑娘（gū niang）：称还没有结婚的女孩儿为"姑娘"。

Gu niang, Ceci indique les femmes qui ne sont pas mariées.

课后练习 Exercice sur le texte

一、汉字练习 Caractères

1. 思 sī　思考/思念/思维/心思/反思/构思/沉思

思考（sī kǎo）：你在思考什么？

Réfléchir（à）：À quoi songez-vous ?

2. 念 niàn　想念/纪念/观念/怀念/念书/信念/挂念/留念

想念（xiǎng niàn）：你在想念什么？

Penser（à）：À qui pensez-vous ?

3. 没 méi　没有/没错/没什么/没事儿/没用/没关系/没意思

没有(méi yǒu)：我没有思考什么，也没有想念什么。

Ne... ：Je ne songe à rien ni ne pense à personne.

二、语言讲解 Notes

没有思考什么，也没有思念什么。

On ne songe à rien et on ne pense à personne.

什么：表示不确指，比如：

shen me ：Désigne quelque chose d'indéfini. Par exemple ：

家里有什么吃什么。

On mange ce qu'il y a à la maison.

你什么时候来都可以。

Tu peux venir n'importe quand.

我没有思考什么，也没有思念什么。

Je ne songe à rien ni ne pense à personne.

昨 夜 见 军 帖 ， 可 汗 大 点 兵 。
zuó yè jiàn jūn tiě　kè hán dà diǎn bīng

军 书 十 二 卷 ， 卷 卷 有 爷 名 。
jūn shū shí èr juàn　juàn juàn yǒu yé míng

阿 爷 无 大 儿 ， 木 兰 无 长 兄 。
ā yé wú dà ér　mù lán wú zhǎng xiōng

愿 为 市 鞍 马 ， 从 此 替 爷 征 。
yuàn wèi shì ān mǎ　cóng cǐ tì yé zhēng

注释：

1. 军帖(tiě)：征兵的公文。

2. 可汗(kè hán)：汉朝以后，中国北部和西北部一些民族对君主的尊称，相当于皇帝。

3. 大点兵：大规模地征兵。

4. 军书：征兵的名册。

5. 十二卷：很多卷。"十二"在这里不是真的十二册征兵名册，而是表示很多的意思。卷(juàn)：中国古代把字写到竹简、纸或者帛上，不看的时候就可以把书卷(juǎn)起来，一本书就有很多卷(juàn)。

6. 卷卷(juàn juàn)：每一卷。

7. 爷：父亲，爸爸。

8. 阿爷：父亲，爸爸。

9. 无：没有。

10. 大儿：年纪大一点的儿子，长大成人的儿子。

11. 长兄：年纪大一些的哥哥。

12. 愿：愿意。

13. 为：为了。

14. 市鞍马：买马鞍和战马。市：买。鞍马：马鞍和战马。

15. 从此：从现在起。此：这，这时。

16. 替：顶替，代替。

17. 征：应征。

译文：

zuó tiān wǎn shàng wǒ kàn jiàn zhēng bīng de gōng wén   zhī dào jūn
昨 天 晚 上 我 看 见 征 兵 的 公 文 ，知 道 君

wáng zài dà guī mó de zhēng bīng   nà me duō juàn zhēng bīng de wén shū
王 在 大 规 模 地 征 兵 ，那 么 多 卷 征 兵 的 文 书 ，

měi yī juàn shàng miàn dōu yǒu wǒ fù qīn de míng zi   ā bà méi yǒu
每 一 卷 上 面 都 有 我 父 亲 的 名 字 。阿 爸 没 有

zhǎng dà chéng rén de ér zi   mù lán yě méi yǒu dà yī diǎn de gē ge
长 大 成 人 的 儿 子 ，木 兰 也 没 有 大 一 点 的 哥 哥 ，

wǒ yuàn yì wèi le fù qīn qù gòu mǎi mǎ ān hé zhàn mǎ   cóng xiàn zài
我 愿 意 为 了 父 亲 去 购 买 马 鞍 和 战 马 ，从 现 在

kāi shǐ jiù dài tì fù qīn qù yìng zhēng
开 始 就 代 替 父 亲 去 应 征 。

法语翻译 **Traduction**

1. 军帖（jūn tiě）：Ordre de mobilisation.

2. 可汗（kè hán）：Khan, titre donné au Souverain（synonyme d'Empereur）, après la dynastie des Han, dans quelques minorités ethniques du nord et du nord-ouest de la Chine.

3. 大点兵（dà diǎn bīng）：Conscription à grande échelle.

4. 军书（jūn shū）：Liste des noms des conscrits.

5. 十二卷（shí èr juàn）：Beaucoup de volumes（rouleaux）. Ici, « douze » ne représente pas exactement douze volumes mais a le sens de « beaucoup de ». 卷（juàn）：Dans la Chine antique on écrivait sur papier, sur des lamelles de bambou ou sur des tissus en soie ; quand on ne les lisait pas, on les enroulait, c'est pourquoi on appelait alors un livre « un rouleau », très souvent un livre est composé de nombreaux rouleaux.

6. 卷卷（juàn juàn）：Chaque volume（rouleau）.

7. 爷（yé）：Père, papa.

8. 阿爷（ā yé）：Père, papa.

9. 无（wú）：Rien.

10. 大儿（dà ér）：Fils aîné.

11. 长兄（zhǎng xiōng）：Frère plus âgé.

12. 愿（yuàn）：Vouloir.

13. 为（wèi）：Pour.

14. 市鞍马（shì ān mǎ）：Acheter une selle et un cheval de bataille（un coursier）. 市（shì）：Acheter。鞍马：Une selle et un cheval de bataille（un coursier）.

15. 从此（cóng cǐ）：Dès maintenant. 此（cǐ）：Maintenant.

16. 替（tì）：Remplacer.

17. 征（zhēng）：S'enrôler dans l'armée.

昨天晚上我看见征兵的公文，知道君王在大规模地征兵，那么多卷征兵的文书，每一卷上面都有我父亲的名字。阿爸没有长大成人的儿子，木兰也没有大一点的哥哥，我愿意为了父亲去购买马鞍和战马，从现在起就代替父亲去应征。

Hier soir, j'ai vu l'ordre de mobilisation. L'Empereur recrute massivement des troupes. Il y avait partout des ordres de mobilisation, partout j'y voyais le nom de mon père. Mon père n'a pas de fils adulte, Mulan n'a pas de frère plus âgé. Je suis résolue à acheter une selle et un cheval de bataille et dès maintenant je vais m'enrôler à la place de mon père.

文化介绍 Civilisation

1. 可汗(kè hán)：汉朝以后，中国北部和西北部一些民族对君主的尊称，相当于"皇帝"。

Kè hán：Titre donné au Souverain（synonyme d'Empereur），après la dynastie des Han，dans quelques minorités ethniques du Nord et du Nord-ouest de la Chine.

2. 卷(juàn)：中国古代把字写到竹简、纸或者帛上，不看的时候就可以把书卷(juǎn)起来，一本书一般有很多卷(juàn)。

Juàn：Dans la Chine antique，avant l'invention du papier，on écrivait sur des lamelles de bambou ou sur des tissus en soie ；quand on ne les lisait pas，on les enroulait，c'est pourquoi on appelait alors un livre « un rouleau »，très souvent un livre est composé de nombreaux rouleaux.

课后练习 Exercice sur le texte

一、汉字练习 Caractères

1. 愿 yuàn　愿意/愿望/志愿/祝愿/自愿/心愿

愿意(yuàn yì)：我愿意为了父亲去应征。

Vouloir：Je veux m'enrôler à la place de mon père.

2. 购 gòu　购买/订购/定购/收购/邮购/采购

购买(gòu mǎi)：我去购买马鞍和战马。

Acheter：Je suis résolue à acheter une selle et un cheval de bataille.

3. 替 tì　代替/交替/替代/替换

代替(dài tì)：从现在起，我代替父亲去应征。

A la place de：Dès maintenant je vais m'enrôler à la place de mon père.

二、语言讲解 Notes

从现在开始就代替父亲去应征。

Dès maintenant je vais m'enrôler à la place de mon père.

从……开始：表示起点，比如：

À partir de：désigne le point de départ. Par exemple：

从明天开始，我每天早上八点起床。

À partir de demain, je me lève à huit heures tous les matins.

电影从九点开始。

Le film commence à neuf heures.

学习汉语从拼音开始。

Quand on apprend le chinois, on commence par le pinyin.

dōng shì mǎi jùn mǎ　　xī shì mǎi ān jiān
东 市 买 骏 马， 西 市 买 鞍 鞯，

nán shì mǎi pèi tóu　　běi shì mǎi cháng biān
南 市 买 辔 头， 北 市 买 长 鞭。

注释：

1. 东市：城东买卖东西的市场。后面的西市、南市、北市分别指城西、城南、城北的市场。

2. 骏马：良马、好马，跑得非常快的马。

3. 鞍：放在马背上的器具，可以让人坐在上面，或者把东西放在上面。

4. 鞯：马鞍下面的垫子。

5. 辔头：驾驭牲口用的嚼子和缰绳。

6. 鞭：用来驱赶马或其他牲畜的用具。

译文：

cóng chéng dōng shì chǎng shàng mǎi lái yī pǐ hǎo mǎ　cóng chéng xī
从 城 东 市 场 上 买 来 一 匹 好 马， 从 城 西

shì chǎng shàng mǎi lái mǎ ān hé ān diàn　cóng chéng nán shì chǎng shàng
市 场 上 买 来 马 鞍 和 鞍 垫， 从 城 南 市 场 上

mǎi lái lóng tóu hé jiāng shéng　cóng chéng běi shì chǎng shàng mǎi lái nà
买 来 笼 头 和 缰 绳， 从 城 北 市 场 上 买 来 那

cháng cháng de mǎ biān
长 长 的 马 鞭。

法语翻译 Traduction

1. 东市（dōng shì）：La foire qui se situe à l'Est de la ville. "西市（xī shì）、南市（nán shì）、北市（běi shì）" indiquent respectivement la foire qui se situe à l'Ouest de la ville, celle qui se situe au Sud et celle qui se situe au Nord.

2. 骏马（jùn mǎ）：Un bon cheval, un cheval qui court vite.

3. 鞍（ān）：Selle, siège attaché sur le dos d'un cheval pour recevoir le cavalier ou transporter des choses.

4. 鞯（jiān）：Tapis de selle.

5. 辔头（pèi tóu）：Le mors et la bride d'un cheval qui servent à le conduire.

6. 鞭（biān）：Cravache, fouet utilisé pour frapper les chevaux ou d'autres animaux.

从城东市场上买来一匹好马，从城西市场上买来马鞍和鞍垫，从城南市场上买来笼头和缰绳，从城北市场上买来那长长的马鞭。

J'achète un bon coursier à la foire de l'Est, une selle et un tapis de selle à la foire de l'Ouest, un licou et une bride à la foire du Sud, une longue cravache à la foire du Nord.

课后练习 Exercice sur le texte

一、汉字练习 Caractères

1. 城 chéng　城市／县城／城镇

城东（chéng dōng）：从城东市场上买来一匹好马。

L'est de la ville：J'achète un bon coursier à la foire de l'Est.

2. 市 shì　市场／市长／都市／市民／城市

市场（shì chǎng）：从市场上买来长长的马鞭。

La foire：Elle achète une longue cravache à la foire.

二、语言讲解 Notes

从城东市场上买来一匹好马。

J'achète un bon coursier à la foire de l'Est.

买来："来"用在动词后面，表示动作的趋向，比如：

mai lai : On utilise « lai » derrière le verbe pour désigner une action qui est en train de se produire.

Par exemple :

她找来一本汉语字典。

Elle est allée chercher un dictionnaire chinois.

她想来想去还是觉得应该回家。

Elle a bien réfléchi et elle croit qu'il faut rentrer à la maison.

她从城北市场上买来长长的马鞭。

Elle achète une longue cravache à la foire du Nord.

dàn cí yé niáng qù mù sù huáng hé biān
旦 辞 爷 娘 去 ，暮 宿 黄 河 边 。

bù wén yé niáng huàn nǚ shēng dàn wén huáng hé liú shuǐ míng jiān jiān
不 闻 爷 娘 唤 女 声 ，但 闻 黄 河 流 水 鸣 溅 溅 。

注释：

1. 旦：早晨，早上。
2. 辞：临行前告别。
3. 爷：爸爸，父亲。
4. 娘：妈妈，母亲。
5. 去：离开一个地方。这里指花木兰离开家到远方。
6. 暮：太阳快落的时候，傍晚。
7. 宿：住。
8. 黄河：中国北方的一条大河，是中国第二大河。
9. 边：旁边，边上。
10. 不闻：听不到。闻：听见。
11. 唤：大声地呼喊。
12. 声：声音。
13. 但：副词，相当于"只""仅仅"。
14. 鸣：发出声音。
15. 溅溅(jiān jiān)：水流得很快的声音。

译文：

yí dà zǎo gào bié fù mǔ lí kāi jiā mén bàng wǎn de shí hou zài
一 大 早 告 别 父 母 离 开 家 门 ，傍 晚 的 时 候 在

huáng hé àn biān zhù sù tíng liú
黄 河 岸 边 住 宿 停 留 。

tīng bu jiàn fù mǔ hū hǎn nǚ ér de shēng yīn zhǐ tīng jiàn huáng
听 不 见 父 母 呼 喊 女 儿 的 声 音 ，只 听 见 黄

hé shuǐ huā lā lā de bēn liú
河 水 哗 啦 啦 地 奔 流 。

法语翻译 **Traduction**

1. 旦（dàn）：Le matin.

2. 辞（cí）：Prendre congé de quelqu'un.

3. 爷（yé）：Père, papa.

4. 娘（niáng）：Mère, maman.

5. 去（qù）：Quitter un lieu, indique ici que Mulan va quitter la maison et partir très loin.

6. 暮（mù）：Le coucher du soleil, le soir.

7. 宿（sù）：Habiter.

8. 黄河（huáng hé）：Fleuve du Nord de la Chine. C'est le deuxième plus long fleuve de Chine.

9. 边（biān）：Au bord de.

10. 不闻（bù wén）：Ne pas entendre. 闻（wén）：Entendre.

11. 唤（huàn）：Crier.

12. 声（shēng）：La voix.

13. 但（dàn）：Adv. Seulement.

14. 鸣（míng）：Émettre des sons.

15. 溅溅（jiān jiān）：Bruit produit par l'eau d'un torrent.

一大早告别父母离开家门，傍晚的时候在黄河岸边住宿停留。听不到父母呼喊女儿的声音，只听见黄河水哗啦啦地奔流。

Je prends congé de mes parents et pars de bonne heure ; à la tombée de la nuit, je campe sur les rives du fleuve jaune. Je n'entends plus les cris de mes parents qui m'appellent, mais je n'entends que le vacarme étourdissant des eaux du fleuve.

文化介绍 **Civilisation**

黄河（huáng hé）：中国北方的一条大河，是中国第二长河。它全长约5464

公里，发源于青藏高原，最后流入渤海，是中华文明最主要的发源地。

Huáng hé：Le fleuve jaune. Un fleuve du Nord de la Chine. C'est le deuxième plus long fleuve de Chine. D'une longueur totale de 5 464 kilomètres, il prend sa source au plateau Qinghai-Tibet et se jette dans la mer de Bohai. C'est le berceau le plus important de la civilisation chinoise.

课后练习 Exercice sur le texte

一、汉字练习 Caractères

1. 别 bié　告别/差别/性别/级别/识别/别的/别人/特别/分别/个别

告别(gào bié)：一大早告别父母，离开家门。

Prendre congé de quelqu'un：Je prends congé de mes parents et pars de bonne heure.

2. 离 lí　离开/距离/离婚/脱离/离别/离休

离开(lí kāi)：离开自己的爸爸妈妈。

Quitter：Je quitte mes parents.

3. 傍 bàng　傍晚/依山傍水

傍晚(bàng wǎn)：傍晚的时候来到了黄河边。

À la tombée de la nuit：À la tombée de la nuit, j'arrive sur les rives du fleuve jaune.

4. 喊 hǎn　呼喊/喊叫/叫喊

呼喊(hū hǎn)：听不见父母呼喊女儿的声音。

Crier：Je n'entends plus les cris de mes parents qui m'appellent.

二、语言讲解 Notes

1. 一大早告别父母离开家门。

Je prends congé de mes parents et pars de bonne heure.

一大早：很早，比如：

De bonne heure : Très tôt. Par exemple：

她一大早就去了市场。

Elle est allée au marché de bonne heure.

一大早，她听见父母叫她的名字。

De bonne heure, elle entend ses parents l'appeler.

2. 傍晚的时候在黄河岸边住宿停留。

À la tombée de la nuit, je campe sur les rives du fleuve jaune.

……的时候：时间的某一点，比如：

Au moment de, quand：un point temporel. Par exemple：

出门的时候，他跟父母说再见。

Quand il est parti, il a dit au revoir à ses parents.

下雨的时候，记得带雨伞。

Quand il pleut, n'oublie pas d'apporter un parapluie.

出去旅行的时候，我常常住在朋友家。

Quand je voyage, j'habite souvent chez mes amis.

旦 辞 黄 河 去 , 暮 至 黑 山 头 。
dàn cí huáng hé qù　mù zhì hēi shān tóu

不 闻 爷 娘 唤 女 声 , 但 闻 燕 山 胡 骑 鸣 啾 啾 。
bù wén yé niáng huàn nǚ shēng　dàn wén yān shān hú jì míng jiū jiū

注释:

1. 至:到达。
2. 黑山:一座山的名字。
3. 头:起点或者终点。
4. 燕(yān)山:一座山的名字。
5. 胡:中国古代对北方和西域一些游牧民族的称呼。
6. 骑(jì):骑(qí)兵。
7. 啾啾:战马的叫声。

译文:

一大早离开黄河远去,傍晚时走到了黑山的脚下。听不见爸妈呼喊女儿的声音,只听见燕山一带敌人和战马的声音。

法语翻译 Traduction

1. 至(zhì)：Arriver.

2. 黑山(hēi shān)：Nom d'une montagne.

3. 头(tóu)：Pied d'une montagne.

4. 燕(yān shān)：Nom d'une montagne.

5. 胡(hú)：Dans la Chine ancienne, nom donné à certaines ethnies du nord et de l'ouest de la Chine.

6. 骑(jì)：Cavalier.

7. 啾啾(jiū jiū)：Hennissements (cris des chevaux).

一大早离开黄河远去，傍晚时走到了黑山脚下。听不到爸妈呼喊女儿的声音，只听见燕山一带敌人和战马的声音。

Je quitte le fleuve jaune de bonne heure, et j'arrive au pied de la montagne Heishan à la nuit tombante. Je n'entends plus mes parents m'appeler, je n'entends que les voix des ennemis dans la montagne Yanshan et les hennissements.

文化介绍 Civilisation

1. 胡(hú)：中国古代称北边的或西域的民族为"胡"，泛指外国或者外族的，比如：胡人、胡服，胡椒。

Hú：Dans la Chine ancienne，nom donné à certaines ethnies du nord et de l'ouest de la Chine，désigne les étrangers ou les autres nationalités. Par exemple：« hu ren »，« hu fu »，« hu jiao ».

2. 骑(jì)：骑(qí)兵，多音字。骑(qí)：骑马。

Jì：Cavalier. C'est un caractère qui a plusieurs prononciations. qí：chevaucher，monter à cheval.

课后练习 Exercice sur le texte

汉字练习 Caractères

1. 尽 jìn 尽头/尽力/尽心 jǐn：尽量/尽管

尽头(jìn tóu)：傍晚的时候，走到了山的尽头。

La fin, le bout：J'arrive au pied de la montagne à la nuit tombante.

2. 喊 hǎn 呼喊/喊叫/叫喊

呼喊(hū hǎn)：听不见爸妈呼喊女儿的声音。

Crier, appeler：Je n'entends plus mes parents m'appeler.

3. 敌 dí 敌人/敌对/敌视

敌人(dí rén)：只听见敌人和战马的声音。

Des ennemis：Je n'entends que les voix des ennemis et les hennissements.

wàn lǐ fù róng jī　guān shān dù ruò fēi
万 里 赴 戎 机 ， 关 山 度 若 飞 。

shuò qì chuán jīn tuò　hán guāng zhào tiě yī
朔 气 传 金 柝 ， 寒 光 照 铁 衣 ，

jiāng jūn bǎi zhàn sǐ　zhuàng shì shí nián guī
将 军 百 战 死 ， 壮 士 十 年 归 。

注释：

1. 万里：一万里的距离。形容距离遥远。

2. 赴：到……去。这里的意思是到战场跟敌人打仗。

3. 戎机：跟军事有关的事情。戎：军事，军队。

4. 关：关塞，关隘。中国古代往往在比较险要的地方建城筑关，关隘一般有城门，如果城门不开，人就过不去。

5. 山：山岭。

6. 度：跨越。

7. 若：好像。

8. 飞：飞行。

9. 朔：北方。

10. 气：空气。

11. 传：传来。

12. 金柝：柝，打更用的梆子。金柝，中国古代打仗时军队里面用的东西，用铜做成，有三只脚和一个把儿，白天用它来做饭，晚上敲打它来报时或者报警，也叫"刁斗"。

13. 寒光：清冷的月亮光。

14. 照：照射，映照。

15. 铁衣：中国古代打仗时士兵穿的用铁片做成的衣服。穿上它，可以抵挡敌人射来的箭，保护身体。

16. 将(jiāng)军：军队里带兵打仗的人。

17. 百战：很多次战斗。

18. 死：出生入死。比喻危险非常多。

19. 壮士：特别勇敢的人。

20. 十年：很多年。

21. 归：回来。

译文：

bēn fù wàn lǐ yǐ wài de zhàn chǎng qù dǎ zhàng　xiàng fēi shì de
奔 赴 万 里 以 外 的 战 场 去 打 仗 ， 像 飞 似 的

yuè guò yī dào dào guān kǒu hé shān mài　běi fāng de hán fēng zhōng chuán
越 过 一 道 道 关 口 和 山 脉 。 北 方 的 寒 风 中 传

lái le qiāo jī jīn tuò bào shí de shēng yīn　qīng lěng de yuè guāng zhào
来 了 敲 击 金 柝 报 时 的 声 音 ， 清 冷 的 月 光 照

zài zhàn shì men chuān de tiě yī zhàn páo shàng　jiàng shì men jīng guò wú
在 战 士 们 穿 的 铁 衣 战 袍 上 。 将 士 们 经 过 无

shù cì chū shēng rù sǐ de zhàn dòu　duō nián zhī hòu cái qǔ dé shèng lì
数 次 出 生 入 死 的 战 斗 ， 多 年 之 后 才 取 得 胜 利

huí dào gù xiāng
回 到 故 乡 。

法语翻译 **Traduction**

1. 万里(wàn lǐ)：Une distance de 5 000 kilomètres，signifie très loin.

2. 赴(fù)：Se diriger vers une destination ; signifie ici，aller au champ de bataille pour se battre.

3. 戎机(róng jī)：Ce qui concerne les affaires militaires. 戎(róng)：Les affaires militaires，l'armée.

4. 关(guān)：Col, défilé. Dans la Chine ancienne，on construisait des fortifications dans les endroits stratégiques ; il y avait souvent une porte pour fermer les cols.

5. 山(shān)：Massif de montagnes.

6. 度(dù)：Traverser.

7. 若(ruò)：Il semble que.

8. 飞(fēi)：Voler.

9. 朔(shuò)：Le nord.

10. 气(qì)：L'air.

11. 传(chuán)：Venir de.

12. 金柝(jīn tuò)：柝：Un ustensile qu'on utilisait pour indiquer l'heure dans la Chine ancienne. 金柝：Il est de bronze，Il a trois pieds et une anse. Dans la journée，il servait à faire la cuisine mais le soir on le frappait pour indiquer l'heure ou pour donner l'alarme.

13. 寒光(hán guāng)：La lumière froide de la lune.

14. 照(zhào)：Refléter la lumière.

15. 铁衣(tiě yī)：Armure ; dans la Chine ancienne les soldats portaient des vêtements fabriqués d'un assemblage de plaques de fer. Elle protégeait le corps des soldats contre les flèches des ennemis.

16. 将军(jiāng jūn)：Général qui commande une armée.

17. 百战(bǎi zhàn)：Beaucoup de batailles.

18. 死(sǐ)：Braver d'innombrables dangers et risquer sa vie. Expression

indiquant que les dangers sont particulièrement nombreux.

19. 壮士（zhuàng shì）：Héros. Nom donné à ceux qui se battent avec beaucoup de courage.

20. 十年（shí nián）：Beaucoup d'années.

21. 归（guī）：Retourner.

奔赴万里以外的战场去打仗，像飞一样越过一道道关口和山脉。北方的寒风中传来了敲击金柝报时的声音，清冷的月光照在了战士们穿的铁衣战袍上。将士们经过无数次出生入死的战斗，多年之后才取得胜利回到故乡。

Je me suis battue sur de lointains champs de bataille, volant par monts et par vaux. Le vent glacial du nord transmettait les sons de la clochette nocturne. La lumière froide de la lune illuminait les armures des soldats. Les officiers et les soldats, après avoir traversé pendant de nombreuses années mille combats périlleux, retournent au pays natal.

文化介绍 Civilisation

1. 关（guān）：关塞，关隘。中国古代往往在比较险要的地方建城筑关，关隘一般有城门，如果城门不开，人就过不去。

Guān：Col, défilé. Dans la Chine ancienne, on construisait des fortifications dans les endroits stratégiques ; il y avait souvent une porte pour fermer les cols.

2. 金柝（jīn tuò）：又叫"刁斗"，中国古代打仗时军队里面用的东西，用铜做成，有三只脚和一个把儿，白天用它来做饭，晚上敲打它来报时间或者报警。

Jīn tuò：Un outil qu'on utilisait dans l'armée dans la Chine ancienne. Il est en bronze. Il a trois pieds et une anse. Dans la journée, il servait à faire la cuisine mais le soir on le frappait pour indiquer l'heure ou pour donner l'alarme.

课后练习 Exercice sur le texte

一、汉字练习 Caractères

1. 外 wài　……以外/除了……以外/外边/外国/外文/外语/另外/外地/外交/外部/外衣

……以外（yǐ wài）：到一万里以外的地方去。

Au dehors：Je m'en vais très loin.

2. 仗 zhàng　打仗/打雪仗

打仗（dǎ zhàng）：到一万里以外的地方去打仗。

Aller à la guerre：Je me suis battue sur de lointains champs de bataille.

3. 像 xiàng　像……一样/好像/录像/不像话/图像

像……一样（xiàng……yí yàng）：像飞一样越过了一座座山。

Comme：Comme volant au-dessus des montagnes.

4. 取 qǔ　取得/取消/争取/夺取/吸取/换取/进取/考取/录取

取得（qǔ dé）：很多年以后才取得胜利。

Remporter (la victoire)：De nombreuses années après, ils remportèrent la victoire.

5. 胜　胜利/名胜/战胜/好胜

胜利（shèng lì）：取得胜利以后，回到了故乡。

La victoire：Après avoir traversé pendant de nombreuses années mille combats périlleux，ils retournèrent au pays natal.

二、语言讲解 Notes

像飞似的越过了一道道关口和山。

Elle vole par monts et par vaux.

像……似的：跟……一样，比如：

Comme：Comme, aussi... que... Par exemple：

他今天高兴地像小孩子似的。

Aujourd'hui, il est content comme un enfant.

美丽的公园像一幅画儿似的。

Le parc est aussi beau qu'une peinture.

guī lái jiàn tiān zǐ　　tiān zǐ zuò míng táng
归来见天子，天子坐明堂。

cè xūn shí èr zhuǎn　　shǎng cì bǎi qiān qiáng
策勋十二转，赏赐百千强。

kè hán wèn suǒ yù　　mù lán bú yòng shàng shū láng
可汗问所欲，"木兰不用尚书郎，

yuàn chí qiān lǐ zú　　sòng ér huán gù xiāng
愿驰千里足，送儿还故乡"。

注释：

1. 天子：皇帝。

2. 明堂：皇帝处理重大事情的殿堂。

3. 策：记录。

4. 勋：功勋，功劳。

5. 十二转：十二级。"转"是古代授予勋官时用来衡量功绩的单位，勋位每升一级叫一转，这里的"十二转"是说花木兰立下了最大的军功。

6. 赏赐：上级对下级赐予或奖给东西。

7. 百千：成百上千。比喻很多。

8. 强：有余，比……还多。

9. 所欲：要求的东西，想要的东西。

10. 不用：不愿意。

11. 尚书郎：中国古代朝廷中主管国家政事的部门长官，级别很高。

12. 愿：希望。

13. 驰：奔驰，快跑。这里是"让……奔驰""让……快跑"的意思。

14. 千里足：千里马。"千里马"常用来形容马跑得非常快，一天能跑一千里。

15. 儿：这儿用来称呼木兰自己。

16. 还(huán)：回。

17. 故乡：家乡。

译文：

胜利回来朝见天子，天子坐在殿堂上（论功行赏）。排列功劳，木兰是最高一等，天子给了她很多的奖赏。可汗问木兰有什么要求，木兰说：木兰不想当官，只希望能够骑上一匹千里马，送我回到家乡。

法语翻译 **Traduction**

1. 天子(tiān zǐ)：L'Empereur.

2. 明堂(míng táng)：La salle du trône où l'Empereur réglait des affaires d'État.

3. 策(cè)：Noter, prendre note.

4. 勋(xūn)：Un mérite, un exploit.

5. 十二转(shí èr zhuǎn)：Douze grades militaires(Les douze distinctions). Dans la Chine ancienne, il y avait douze grades militaires pour récompenser des mérites. Un grade, c'est « 一转 ». Ici, « douze » indique beaucoup de grades militaires au lieu du nombre précis « douze » et signifie que Mulan a fait un grand exploit.

6. 赏赐(shǎng cì)：Récompenser ; le supérieur offre des récompenses aux subordonnés en reconnaissance pour leurs mérites.

7. 百千(bǎi qiān)：Des centaines et des milliers. Ça signifie « beaucoup de ».

8. 强(qiáng)：Plus que.

9. 所欲(suǒ yù)：Ce que l'on désire.

10. 不用(bú yòng)：Ne pas vouloir.

11. 尚书郎(shàng shū láng)：Dans la Chine ancienne, le fonctionnaire qui s'occupait de l'administration des affaires d'État, était un haut fonctionnaire.

12. 愿(yuàn)：Espérer.

13. 驰(chí)：Courir vite. Ici, indique « faire courir vite ».

14. 千里足(qiān lǐ zú)：Décrit un cheval qui court très vite, et peut parcourir 500 km par jour.

15. 儿(ér)：Ici pour s'appeler elle-même.

16. 还(huán)：Retourner.

17. 故乡(gù xiāng)：Pays natal.

胜利回来朝见天子，天子坐在殿堂上(论功行赏)。排列功劳，木兰是最高一等，天子给了她很多的奖赏。可汗问木兰有什么要求，木兰说：木兰不想当官，只希望能够骑上一匹千里马，送我回到家乡。

Mulan rentrée victorieuse est reçue par l'Empereur. Il siège dans la salle du trône et récompense les militaires méritants. Les actions héroïques de Mulan lui valent le douzième grade — le grade militaire le plus élevé. L'Empereur lui offre d'innombrables récompenses. Quand l'Empereur lui demande ce qu'elle veut, Mulan dit : « Mulan ne souhaite pas un poste à la cour, elle ne désire qu'un cheval rapide qui puisse la reconduire dans son pays natal. »

文化介绍 Civilisation

1. 朝见(cháo jiàn)：封建时代臣见君叫"朝见"。

Cháo jiàn：À l'époque féodale, les ministres étaient reçus par l'Empereur, on appelait cela « cháo jiàn ».

2. 十二转(shí èr zhuǎn)：十二级。"转"是古代授予勋官时用来衡量功绩的单位，勋位每升一级叫一转，这里的"十二转"是说花木兰立下了最大的军功。

Shí èr zhuǎn：Douze grades militaires(Les douze distinctions). Dans la Chine ancienne, il y avait douze grades militaires pour récompenser des mérites. Un grade, c'est « 一转 ». Ici, « douze » indique beaucoup de grades militaires au lieu du nombre précis « douze » et signifie que Mulan a accompli des exploits de haut niveau.

3. 尚书郎(shàng shū láng)：中国古代朝廷主管国家政事的部门长官，级别很高。

Shàng shū láng：Dans la Chine ancienne, le fonctionnaire qui s'occupait de l'administration des affaires d'État, était un haut fonctionnaire.

4. 千里足(qiān lǐ zú)：指骑的马，也就是人们说的"千里马"。"千里马"常用来形容马跑得非常快，一天能跑一千里。

Qiān lǐ zú：Désigne le cheval, « qian li ma » un cheval qui court très vite, qui peut parcourir 500 km par jour.

课后练习 Exercice sur le texte

汉字练习 Caractères

1. 奖 jiǎng　奖赏/奖学金/奖金/奖励/奖品/夸奖
奖赏(jiǎng shǎng)：天子给了她很多的奖赏。
Une récompense：L'Empereur lui offre d'innombrables récompenses.

2. 求 qiú　要求/追求/请求/实事求是
要求(yāo qiú)：天子问木兰有什么要求。
Demande：L'Empereur lui demande ce qu'elle veut.

3. 希 xī　希望/希冀
希望(xī wàng)：木兰希望能够骑马回故乡。
Désirer：Elle ne désire qu'un cheval rapide qui puisse la reconduire dans son pays natal.

yé niáng wén nǚ lái　　chū guō xiāng fú jiāng

爷 娘 闻 女 来 ，出 郭 相 扶 将 。

注释：

1. 闻：听说。
2. 女：女儿。
3. 来：回来。
4. 出：出来，走出。
5. 郭：城外围着城的墙。
6. 相：副词，互相。
7. 扶将(jiāng)：带，领，搀扶。

译文：

bà bà mā mā tīng shuō nǚ ér yào huí lái　　hù xiāng chān fú zhe dào
爸 爸 妈 妈 听 说 女 儿 要 回 来 ，互 相 搀 扶 着 到
chéng wài lái yíng jiē
城 外 来 迎 接 。

法语翻译 Traduction

1. 闻（wén）：Entendre dire.

2. 女（nǚ）：Fille.

3. 来（lái）：Rentrer.

4. 出（chū）：Sortir.

5. 郭（guō）：En dehors de la ville.

6. 相（xiāng）：Adv. L'un l'autre, mutuellement.

7. 扶将（fú jiāng）：Tenir quelqu'un par le bras.

爸爸妈妈听说女儿要回来，互相搀扶着到城外来迎接。

Son père et sa mère qui ont entendu dire que Mulan allait rentrer à la maison, se soutenant mutuellement, sortent de la ville pour l'accueillir.

文化介绍 Civilisation

郭（guō）：古时候在城市的外面再加筑的一道墙。

Guo：Dans la Chine antique, on construisait un mur en dehors de la ville.

课后练习 Exercice sur le texte

一、汉字练习 Caractères

1. 听 tīng　听说/听见/听写/好听/听话/听众

听说（tīng shuō）：父母听说女儿要回来了。

Entendre dire：Son père et sa mère qui ont entendu dire que leur fille allait rentrer à la maison. Ses parents apprenant le retour de leur fille.

2. 互 hù　互相/相互

互相（hù xiāng）：父母互相搀扶着出门迎接。

L'un l'autre, mutuellement：Ses parents se soutiennent mutuellement et sortent de la ville pour l'accueillir.

3. 迎 yíng   *欢迎/迎接/迎面*

迎接（yíng jiē）：父母到城外去迎接女儿。

Accueillir：Les parents sortent de la ville pour accueillir leur fille.

二、语言讲解 Notes

互相搀扶着到城外来迎接。

Ses parents, se soutenant mutuellement, sortent de la ville pour l'accueillir.

互相：相互，两个人之间。比如：

Mutuellement：Entre deux personnes. Par exemple：

我们互相帮助，共同进步。

Nous nous aidons mutuellement et faisons des progrès ensemble.

互相合作，让我们的工作越做越好！

La coopération mutuelle améliore notre travail.

ā zǐ wén mèi lái   dāng hù lǐ hóng zhuāng
阿 姊 闻 妹 来 ， 当 户 理 红 妆 。

注释：

1. 阿姊：姐姐。
2. 闻：听说。
3. 当：面对着。
4. 户：门。
5. 理：修整，整理。
6. 红妆：指女子的盛妆。因为妇女的妆饰一般用红色，所以称"红妆"。

译文：

jiě jie tīng shuō mèi mei yào huí lái   gǎn jǐn duì zhe mén dǎ bàn
姐 姐 听 说 妹 妹 要 回 来 ， 赶 紧 对 着 门 打 扮 ，

chuān shàng huá měi de yī fu
穿 上 华 美 的 衣 服 。

法语翻译 Traduction

1. 阿姊（ā zǐ）：Sœur.

2. 闻（wén）：Entendre dire.

3. 当（dāng）：En face de.

4. 户（hù）：L'entrée.

5. 理（lǐ）：Arranger.

6. 红妆（hóng zhuāng）：红（hóng）：Rouge. 妆（zhuāng）：Le maquillage. « hóng zhuāng » signifie le maquillage magnifique. Parce que les femmes utilisent des produits cosmétiques de couleur rouge pour se maquiller, on la nomme ainsi.

姐姐听说妹妹要回来，赶紧对着门打扮，穿上华美的衣服。

La sœur aînée apprenant le retour de Mulan s'est faite belle en toute hâte, elle a revêtu ses plus beaux habits et l'attend devant la porte d'entrée.

文化介绍 Civilisation

红妆（hóng zhuāng）：指女子的盛妆。因为古时候妇女的妆饰一般用红色，所以称"红妆"。

Hóng zhuāng：Le maquillage magnifique d'une femme. Parce que dans les temps anciens, les femmes utilisaient des produits cosmétiques de couleur rouge pour se maquiller, on la nomme « hong zhuang » （maquillage rouge）.

课后练习 Exercice sur le texte

一、汉字练习 Caractères

1. 赶 gǎn　赶紧/赶快/赶忙/赶上/追赶

赶紧（gǎn jǐn）：姐姐赶紧打扮。

En toute hâte：Sa soeur aînée s'est faite belle en toute hâte.

2. 对 duì 对……来说/对不起/对门/面对/相对/对岸/对手/对照/反对/对比/对方/对付/对话/对象/对于/绝对/不对

对：姐姐赶紧对着门打扮。

En face de : La sœur aînée s'est faite belle en toute hâte devant la porte d'entrée.

3. 扮 bàn 打扮/扮演

打扮(dǎ bàn)：姐姐打扮得很漂亮。

Se maquiller : Sa soeur aînée s'est faite belle.

二、语言讲解 Notes

对着门口赶紧打扮。

Elle s'est faite belle en toute hâte devant la porte d'entrée.

赶紧：抓紧时间，不能拖延。比如：

En toute hâte : Sans tarder. Par exemple :

你赶紧打开电视，正在转播荷兰队对西班牙队的决赛呢!

Allume vite, on retransmet la finale du match Hollande Espagne à la télé!

赶紧吃饭，吃完了做功课去!

Mange rapidement et va faire tes devoirs après le repas !

xiǎo dì wén zǐ lái　　mó dāo huò huò xiàng zhū yáng
小弟闻姊来，磨刀霍霍向猪羊。

注释：

1. 小弟：弟弟。

2. 姊：姐姐。

3. 磨：把刀放在石头上来回磨擦，使刀刃变得更锋利。

4. 霍霍：磨刀的声音。

5. 向：对着。

6. 猪羊：猪和羊。

译文：

dì　di tīng shuō jiě jie yào huí lái　　gǎn jǐn huò huò de mó dāo
弟弟 听 说 姐 姐 要 回 来， 赶 紧 霍 霍 地 磨 刀，

máng zhe shā zhū zǎi yáng
忙 着 杀 猪 宰 羊 。

法语翻译 Traduction

1. 小弟(xiǎo dì)：Frère cadet.

2. 姊(zǐ)：Sœur aînée.

3. 磨(mó)：Aiguiser ; mettre le couteau sur la pierre et l'aiguiser pour le rendre tranchant.

4. 霍霍(huò huò)：Bruit produit par l'aiguisage.

5. 向(xiàng)：Vers.

6. 猪羊(zhū yáng)：Le porc et le mouton.

弟弟听说姐姐要回来，赶紧霍霍地磨刀，忙着杀猪宰羊。

Le jeune frère, apprenant le retour de sa sœur, aiguise en toute hâte un couteau pour tuer le porc et le mouton.

文化介绍 Civilisation

杀猪宰羊(shā zhū zǎi yáng)：古时候农村的风俗，遇见大的节日或者值得庆祝的事情，杀猪宰羊宴请亲朋好友，表示庆贺。

Shā zhū zǎi yáng : Dans les temps anciens, c'était une coutume à la campagne, pour les grandes occasions ou pour les fêtes, de tuer le porc et le mouton et d'inviter parents et amis.

课后练习 Exercice sur le texte

汉字练习 Caractères

1. 磨 mó　磨刀/折磨/摩擦　mò：磨面/石磨/磨坊

磨刀(mó dāo)：弟弟赶紧磨刀，忙着杀猪杀羊。

Aiguiser : Le jeune frère aiguise en toute hâte un couteau pour tuer le porc et le mouton.

2. 杀 shā　暗杀/杀害/自杀/屠杀

杀：弟弟忙着杀猪宰羊。

Tuer : Le jeune frère tue le porc et le mouton en toute hâte.

kāi wǒ dōng gé mén　　zuò wǒ xī gé chuáng
开我东阁门，坐我西阁床。

tuō wǒ zhàn shí páo　　zhuó wǒ jiù shí cháng
脱我战时袍，著我旧时裳。

dāng chuāng lǐ yún bìn　　duì jìng tiē huā huáng
当窗理云鬓，对镜帖花黄。

注释：

1. 开：打开。

2. 东阁：卧室的东边。

3. 西阁：卧室的西边。

4. 脱：脱掉。

5. 战时：打仗的时候。

6. 袍：衣服。

7. 著(zhuó)：穿上。

8. 旧时：以前的时候。

9. 裳：裙子。

10. 当：对着。

11. 窗：窗户。

12. 理：整理。

13. 云鬓：云(yún)：云朵。鬓(bìn)：鬓角，面颊两边靠近耳朵前面的地方。"云鬓"比喻女孩的头发又软又密、鬓发蓬松，就好像堆着的一层层云朵一样好看。

14. 对：对着。

15. 镜：镜子。

16. 帖：就是"贴"，粘贴的意思。

17. 花黄：当时流行的一种妇女面部装饰，用金黄色的纸剪成月亮、星星、花朵或者小鸟的形状，然后贴在脸上、额头上；或者直接在额头上涂上一点黄色。

译文：

　　dǎ kāi wǒ wò shì dōng miàn de mén　zuò zài wǒ wò shì xī miàn de
　打 开 我 卧 室 东 面 的 门 ， 坐 在 我 卧 室 西 面 的

chuáng shàng　tuō qù wǒ dǎ zhàng shí chuān de zhàn páo　chuān shàng wǒ
床　上 ， 脱 去 我 打 仗 时 穿 的 战 袍 ， 穿 上 我

yǐ qián de yī shang　zhàn zài chuāng biān zhěng lǐ xiàng yún duǒ yí yàng
以 前 的 衣 裳 ， 站 在 窗 边 整 理 像 云 朵 一 样

róu měi de tóu fa　duì zhe jìng zi zài é tóu shàng tiē hǎo huā huáng
柔 美 的 头 发 ， 对 着 镜 子 在 额 头 上 贴 好 花 黄 。

法语翻译 **Traduction**

1. 开(kāi)：Ouvrir.

2. 东阁(dōng gé)：Côté Est de la chambre.

3. 西阁(xī gé)：Côté Ouest de la chambre.

4. 脱(tuō)：Se déshabiller.

5. 战时(zhàn shí)：Au cours de la guerre.

6. 袍(páo)：Habits，vêtements.

7. 着(zhuó)：S'habiller.

8. 旧时(jiù shí)：Autrefois.

9. 裳(cháng)：Vêtement.

10. 当(dāng)：Face à.

11. 窗(chuāng)：Fenêtre.

12. 理(lǐ)：Arranger.

13. 云鬓(yún bìn)：云(yún)：Des nuages. 鬓(bìn)：Les tempes. C'est une comparaison : les cheveux des filles sont doux et épais comme des couches de nuages.

14. 对(duì)：Face à.

15. 镜(jìng)：Miroir.

16. 帖(tiē)：Coller.

17. 花黄(huā huáng)：À cette époque, c'était la mode pour les femmes de porter le maquillage suivant : elles découpaient des papiers dorés en forme d'étoile, de lune, de fleur ou d'oiseau, puis les collaient sur le visage ou le front ; elles se mettaient aussi un fond de teint jaune sur le front.

打开我卧室东面的门，坐在我卧室西面的床上，脱去我打仗时穿的战袍，穿上我以前的衣裳，站在窗边整理像云朵一样柔美的头发，对着镜子在额头上贴好花黄。

J'ouvre la porte à l'Est de ma chambre, je m'assois sur mon lit à l'Ouest de ma chambre. Je retire mes habits de guerrier et revêt mes beaux vêtements d'autrefois, devant la fenêtre je me recoiffe les cheveux doux comme des nuages noirs et face au miroir je me maquille.

文化介绍 Civilisation

1. 云鬓（yún bìn）：比喻女孩的头女又软又密，鬓发蓬松，就好像堆着的一层层云朵一样好看。

Yún bìn：C'est une comparaison. Les cheveux des filles sont doux et épais comme des couches de nuages.

2. 花黄（huā huáng）：当时流行的一种妇女面部装饰，用金黄色的纸剪成月亮、星星、花朵或者小鸟的形状，然后贴在脸上、额头上；或者直接在额头上涂上一点黄色。

Huā huáng：À cette époque, c'était la mode pour les femmes de porter le maquillage suivant : elles découpaient des papiers dorés en forme d'étoile, de lune, de fleur ou d'oiseau, puis les collaient sur le visage ou le front ; elles se mettaient aussi un fond de teint jaune sur le front.

课后练习 Exercice sur le texte

汉字练习 Caractères

1. 脱 tuō　脱衣服/脱离/摆脱/脱落

脱衣服(tuō yī fu)：脱去我打仗时候的衣服。

Se déshabiller：Je retire mes habits de guerrier.

2. 整 zhěng　整理/整顿/整体/整洁/整数/整齐/调整/完整/整个

整理(zhěng lǐ)：整理我像乌云一样柔美的头发。

Refaire：Je me recoiffe les cheveux doux comme des nuages noirs.

3. 镜 jìng　镜子/眼镜/镜头/望远镜/显微镜

镜子(jìng zi)：对着镜子在额头上贴好花黄。

Le miroir：Face au miroir, je me maquille.

chū mén kàn huǒ bàn huǒ bàn jiē jīng huáng

出 门 看 火 伴 ， 火 伴 皆 惊 惶 。

tóng háng shí èr nián bù zhī mù lán shì nǚ láng

"同 行 十 二 年 ， 不 知 木 兰 是 女 郎"。

注释：

1. 出门：走出卧室的门。
2. 火伴：也就是"伙伴"，这里指跟花木兰一块当兵打仗的人。
3. 皆：副词，都。
4. 惊惶：吃惊。
5. 同行(háng)：一块当兵打仗的人。
6. 十二年：很多年。
7. 不知：不知道。
8. 女郎：年轻的女孩。

译文：

zǒu chū wò shì qù jiàn yī tóng dǎ zhàng shí hou de huǒ bàn huǒ bàn
走 出 卧 室 去 见 一 同 打 仗 时 候 的 伙 伴 ， 伙 伴

men dōu fēi cháng jīng yà dōu shuō wǒ men zài yì qǐ zhēng zhàn shí
们 都 非 常 惊 讶 ， 都 说 ：我 们 在 一 起 征 战 十

jǐ nián jìng rán dōu bù zhī dào huā mù lán shì gè nián qīng piào liang de
几 年 ， 竟 然 都 不 知 道 花 木 兰 是 个 年 轻 漂 亮 的

gū niang
姑 娘 。

法语翻译 Traduction

1. 出门（chū mén）：Sortir de la chambre.

2. 火伴（huǒ bàn）：Compagnons.

3. 皆（jiē）：Adverbe. Tous.

4. 惊惶（jīng huáng）：Surpris.

5. 同行（tóng háng）：Ceux qui sont allés à la guerre avec Mulan.

6. 十二年（shí èr nián）：Beaucoup d'années.

7. 不知（bù zhī）：Ne pas savoir.

8. 女郎（nǚ láng）：Jeune fille.

走出卧室去见一同打仗时候的伙伴，伙伴们都非常惊讶，都说：我们在一起征战十几年，竟然都不知道花木兰是个年轻漂亮的姑娘。

Je sors de ma chambre et vois mes compagnons d'armes—ils sont fort surpris, disent-ils：Nous avons combattu ensemble pendant une dizaine d'années, mais nous ne savions pas que Mulan était une belle jeune fille.

文化介绍 Civilisation

同行（tóng háng）：一块当兵打仗的人。现在常用来表示从事同样工作的人。

Tóng háng：Compagnons d'armes, c'est-à-dire ceux qui sont allés à la guerre avec Mulan. À présent, tóng háng indique ceux qui travaillent dans le même domaine.

课后练习 Exercice sur le texte

一、汉字练习 Caractères

1. 伴 bàn 伙伴/同伴/伴随/伴奏

伙伴(huǒ bàn)：走出门见一见一起打仗的伙伴。

Les compagnons : Je sors de ma chambre et vois mes compagnons d'armes.

2. 惊 jīng 惊讶/惊奇/惊异/惊动/惊慌/震惊/吃惊

惊讶(jīng yà)：伙伴们都很惊讶：木兰是一个女孩儿！

Être surpris : Les compagnons d'armes sont fort surpris : Mulan était une belle jeune fille !

3. 竟 jìng 竟然/究竟/毕竟

竟然(jìng rán)：木兰竟然是一个年轻漂亮的姑娘！

Inimaginable : C'est inimaginable que Mulan fût une belle jeune fille.

二、语言讲解 Notes

竟然都不知道花木兰是个年轻漂亮的姑娘。

Nous ne savions pas que Mulan était une belle jeune fille.

竟然：表示没有想到，十分意外。比如：

Inimaginable : désigne la surprise. Par exemple :

伙伴们竟然都不知道木兰是女孩儿。

Les compagnons ne savaient pas que Mulan fût une belle jeune fille.

她 HSK 考试竟然得了满分。

C'est inimaginable qu'elle ait obtenu la note maximum（20 sur 20）au HSK.

xióng tù jiǎo pū shuò　　cí tù yǎn mí lí
雄兔脚扑朔，雌兔眼迷离。
shuāng tù bàng dì zǒu　　ān néng biàn wǒ shì xióng cí
双兔傍地走，安能辨我是雄雌。

注释：

1. 雄：雄性。

2. 兔：兔子。

3. 扑朔：据说在不跑的时候，公兔的脚还在不停地挠地。

4. 雌：雌性。

5. 眼：眼睛。

6. 迷离：据说在不跑的时候，母兔的两只眼是眯缝着的。

7. 两兔：两只兔子。

8. 傍地：傍，挨着。"傍地"也就是贴着地的意思。

9. 走：奔跑。

10. 安：哪里，怎么。

11. 能：能够。

12. 辨：辨认，分清。

译文：

gōng tù xǐ huān sì jiǎo luàn zhuā luàn dòng　　mǔ tù zǒng shì liǎng zhī
公兔喜欢四脚乱抓乱动，母兔总是两只
yǎn jīng mī fèng　　dàn shì dāng tā men zài yì qǐ tiē zhe dì miàn bēn pǎo
眼睛眯缝，但是当它们在一起贴着地面奔跑，
yòu zěn me néng fēn qīng nǎ zhī shì mǔ tù nǎ zhī shì gōng tù
又怎么能分清哪只是母兔哪只是公兔？

法语翻译 Traduction

1. 雄（xióng）：Masculin.

2. 兔（tù）：Lièvre.

3. 扑朔（pū shuò）：Les mâles grattent la terre quand ils ne courent pas.

4. 雌（cí）：Féminin.

5. 眼（yǎn）：Les yeux.

6. 迷离（mí lí）：Les femelles clignent des yeux quand elles ne courent pas.

7. 两兔（liǎng tù）：Deux lièvres.

8. 傍（bàng）：傍，Côte à côte. 傍地（bàng dì）：Côte à côte près du sol.

9. 走（zǒu）：Courir.

10. 安（ān）：Comment.

11. 能（néng）：Pouvoir.

12. 辨（biàn）：Reconnaître, distinguer.

公兔喜欢四脚乱抓乱动，母兔总是两只眼睛眯缝，但是当它们在一起贴着地面奔跑，又怎么能够分清哪只是母兔哪只是公兔?

Chez les lièvres, le mâle aime gratter la terre, tandis que la femelle aime cligner des yeux, mais quand ils courent côte à côte, ventre à terre, comment distinguer le mâle de la femelle ?

文化介绍 Civilisation

雄雌（xióng cí）：雌，雌性的，与"雄"相对；雄，雄性的，与"雌"相对。一般"雌雄"在书面语中常用，"公母"在口语中常用；表示动物的性别时多用"公母"，表示植物的性别时多用"雄雌"；此外，"雄雌"还有输赢、胜负的意思。

xióng cí：ci：féminin, contraire de « xiong » ；Xiong：Masculin, contraire de « ci ». En général, « ci xiong » est utilisé dans la langue écrite et « gong mu » dans la langue orale；« gong mu » est souvent utilisé pour exprimer le sexe des animaux, et « xiong ci » est utilisé pour exprimer le sexe des plantes. En outre, « xiong ci » signifie gagner ou perdre.

课后练习 Exercice sur le texte

一、汉字练习 Caractères

1. 奔 bēn　奔跑/奔驰/奔腾/东奔西走

奔跑：公兔和母兔一起在路上奔跑。

Courir：Le lièvre et sa femelle courent côte à côte.

2. 分 fēn　分辨/分别/分类/区分/分钟/十分

分清楚：怎么能分清楚哪一只是公兔，哪一只是母兔呢？

Distinguer：Comment distinguer le mâle de la femelle？

二、语言讲解 Notes

1. 母兔总是两只眼睛眯缝。

La femelle aime toujours cligner des yeux. La femelle cligne toujours des yeux.

总是：一直，没有变化。比如：

Toujours：Sans changement. Par exemple：

他总是喜欢拿自己开玩笑。

Il aime toujours plaisanter sur lui-même.

他们总是互相帮助。

Ils s'aident toujours.

2. 但是当它们在一起贴着地面奔跑，又怎能分清哪只是母兔哪只是公兔？

Mais quand ils courent côte à côte，ventre à terre，comment distinguer le mâle de la femelle？

怎能：疑问词，怎么能够，表示反问。比如：

Comment：Adverbe interrogatif, comment pouvoir. Par exemple：

我怎能分清楚哪一只是公兔哪一只是母兔？

Comment puis-je distinguer le mâle de la femelle？

这样的天气你怎能开车？我看你还是坐出租车吧！

Comment pouvez-vous conduire par un temps pareil？Il vaudrait mieux que vous preniez un taxi！

诗歌原文

木 兰 诗

唧 唧 复 唧 唧 ， 木 兰 当 户 织 。

不 闻 机 杼 声 ， 唯 闻 女 叹 息 。

问 女 何 所 思 ， 问 女 何 所 忆 。

女 亦 无 所 思 ， 女 亦 无 所 忆 。

昨 夜 见 军 帖 ， 可 汗 大 点 兵 。

军 书 十 二 卷 ， 卷 卷 有 爷 名 。

阿 爷 无 大 儿 ， 木 兰 无 长 兄 。

愿 为 市 鞍 马 ， 从 此 替 爷 征 。

东 市 买 骏 马 ， 西 市 买 鞍 鞯 ，

南 市 买 辔 头 ， 北 市 买 长 鞭 。

旦 辞 爷 娘 去 ， 暮 宿 黄 河 边 。

不 闻 爷 娘 唤 女 声 ， 但 闻 黄 河 流 水 鸣 溅 溅 。

旦辞黄河去，暮至黑山头。

不闻爷娘唤女声，但闻燕山胡骑鸣啾啾。

万里赴戎机，关山度若飞。

朔气传金柝，寒光照铁衣，

将军百战死，壮士十年归。

归来见天子，天子坐明堂。

策勋十二转，赏赐百千强。

可汗问所欲，"木兰不用尚书郎，

愿驰千里足，送儿还故乡"。

爷娘闻女来，出郭相扶将。

阿姊闻妹来，当户理红妆。

小弟闻姊来，磨刀霍霍向猪羊。

开我东阁门，坐我西阁床。

tuō wǒ zhàn shí páo zhuó wǒ jiù shí cháng
脱 我 战 时 袍 ， 著 我 旧 时 裳 。

dāng chuāng lǐ yún bìn duì jìng tiē huā huáng
当 窗 理 云 鬓 ， 对 镜 帖 花 黄 。

chū mén kàn huǒ bàn huǒ bàn jiē jīng huáng
出 门 看 火 伴 ， 火 伴 皆 惊 惶 。

tòng háng shí èr nián bù zhī mù lán shì nǚ láng
"同 行 十 二 年 ， 不 知 木 兰 是 女 郎 "。

xióng tù jiǎo pū shuò cí tù yǎn mí lí
雄 兔 脚 扑 朔 ， 雌 兔 眼 迷 离 。

shuāng tù bàng dì zǒu ān néng biàn wǒ shì xióng cí
双 兔 傍 地 走 ， 安 能 辨 我 是 雄 雌 。

原文翻译

L'épopée de Mulan

Dji dji dji dji est le bruit incessant du métier à tisser. Mulan, assise face à la porte, est en train de tisser. Soudain on n'entend plus le bruit de l'appareil, on n'entend que les soupirs d'une jeune fille.

À voix basse, on demande à la jeune fille : À quoi songez-vous ? À qui pensez-vous ? Mulan répond : je ne songe à rien ni ne pense à personne.

Hier soir, j'ai vu l'ordre de mobilisation. L'Empereur recrute massivement des troupes. Il y avait partout des ordres de mobilisation, partout j'y voyais le nom de mon père. Mon père n'a pas de fils adulte, Mulan n'a pas de frère plus âgé. Je suis résolue à acheter une selle et un cheval de bataille et dès maintenant je vais m'enrôler à la place de mon père.

J'achète un bon coursier à la foire de l'Est, une selle et un tapis de selle à la foire de l'Ouest, un licou et une bride à la foire du Sud, une longue cravache à la foire du Nord.

Je prends congé de mes parents et pars de bonne heure ; à la tombée de la nuit, je campe sur les rives du fleuve jaune. Je n'entends plus les cris de mes parents qui m'appellent, mais je n'entends que le vacarme étourdissant des eaux du fleuve.

Je quitte le fleuve jaune de bonne heure, et j'arrive au pied de la montagne Heishan à la nuit tombante. Je n'entends plus mes parents m'appeler, je n'entends que les voix des ennemis dans la montagne Yanshan et les hennissements.

Je me suis battue sur de lointains champs de bataille, volant par monts et par vaux. Le vent glacial du Nord transmettait le bruit des gongs. La lumière froide de la lune illuminait les armures des soldats. Les officiers et les soldats, après avoir traversé pendant de nombreuses années mille combats périlleux retournent au pays natal.

Mulan rentrée victorieuse est reçue par l'Empereur. Il siège dans la salle du trône et récompense les militaires les plus méritants. Les actions héroïques de Mulan lui valent le douzième grade — le grade militaire le plus élevé. L'Empereur lui offre d'innombrables récompenses. Quand l'Empereur lui demande ce qu'elle veut, Mulan dit : « Mulan ne souhaite pas un poste à la cour, elle ne désire qu'un cheval rapide qui puisse la reconduire dans son pays natal. »

Son père et sa mère qui ont entendu dire que Mulan allait rentrer à la maison, se soutenant mutuellement, sortent de la ville pour l'accueillir.

La sœur aînée apprenant le retour de Mulan s'est faite belle en toute hâte, elle a revêtue ses plus beaux habits et l'attend devant la porte d'entrée.

Le jeune frère, apprenant le retour de sa sœur, aiguise en toute hâte un couteau pour tuer le porc et le mouton.

J'ouvre la porte à l'Est de ma chambre, je m'assois sur mon lit à l'Ouest de ma chambre. Je retire mes habits de guerrier et revêts mes beaux vêtements d'autrefois, devant la fenêtre je me recoiffe les cheveux doux comme des nuages noirs et face au miroir je me maquille.

Je sors de ma chambre et vois mes compagnons d'armes fort surpris : « Nous avons combattu ensemble pendant une dizaine d'années, disent-ils, mais nous ne savions pas que Mulan était une belle jeune fille. »

Chez les lièvres, le mâle aime gratter la terre, tandis que la femelle aime cligner des yeux, mais quand ils courent côte à côte, ventre à terre, comment distinguer le mâle de la femelle ?

Cháng　Hèn　Gē

长恨歌

La Chanson des Regrets Éternels

Bái　Jū　Yì

白居易

故事背景：

　　《长恨歌》是中国唐朝诗人白居易的一首长篇叙事诗，作于公元 806 年（元
和元年）。全诗形象地叙述了唐玄宗（685—762 年）与杨贵妃（719—756 年）之
间的爱情悲剧。

　　白居易（772—846 年），字乐天，晚年又号"香山居士"，河南新郑人，我
国唐代伟大的现实主义诗人。他的诗歌题材广泛，形式多样，语言平易通俗，
有"诗王"之称。代表诗作有《长恨歌》《卖炭翁》《琵琶行》等。

Contexte：

　　« La chanson des regrets éternels » est un long poème narratif de BAI Juyi qui
fut un poète de la dynastie des Tang. Ce poème écrit en 806, décrit l'amour tragique
de Tang Xuan Zong（685—762）pour Yang Gui Fei（719—756）qui fut la première
concubine de Tang Xuan Zong.

　　Bai Ju Yi（772—846）est né dans la ville de Xin Zhen dans la province du
Henan. Ce fut un grand poète du réalisme des Tang. On l'appelait « le roi des poètes »
à cause des différents sujets, des formes variées et du choix des mots simples utilisés
dans ses poèmes. Ses chefs d'oeuvre sont : « La chanson des regrets éternels »,
« Le vieux charbonnier », « Sonorité du Pipa », etc.

hàn huáng zhòng sè sī qīng guó　　yù yǔ duō nián qiú bù dé

汉皇重色思倾国，御宇多年求不得。

注释：

1. 汉皇：汉朝的皇帝。这里借指唐玄宗李隆基(685—762年)。

2. 重：看重。

3. 色：女色，指美丽漂亮的女子。

4. 思：思慕。

5. 倾国：形容非常美丽的女子，她一出现，世人全都争着抢着看。成语"倾国倾城"，代称绝代佳人。

6. 御：统治，治理。

7. 宇：疆土，国境，这里指天下。

8. 多年：很多年。

9. 求不得：找不到。求：寻找。得：得到。

译文：

hàn cháo de huáng dì kàn zhòng nǚ zǐ de měi mào　　xiǎng zhǎo yī

汉朝的皇帝看重女子的美貌，想找一

wèi qīng guó qīng chéng de měi nǚ　　kě xī zài tā tǒng zhì de guó jiā nèi

位倾国倾城的美女，可惜在他统治的国家内

zhǎo le hěn duō nián　　yī zhí dōu méi yǒu zhǎo dào

找了很多年，一直都没有找到。

法语翻译 **Traduction**

1. 汉皇（hàn huáng）：Le Souverain de la dynastie des Han. Désigne ici l'Empereur Minghuang des Tang：LI Longji（685—762）.

2. 重（zhòng）：Être épris de.

3. 色（sè）：Les belles femmes.

4. 思（sī）：Être en quête de.

5. 倾国（qīng guó）：Une femme d'une beauté irrésistible. Dès qu'elle est apparue，tout le monde s'est précipité pour venir la voir. Le proverbe « qīng guó qīng chéng » fait référence à une beauté sans égal.

6. 御（yù）：Gouverner，régner.

7. 宇（yǔ）：Le territoire，dans le pays.

8. 多年（duō nián）：De nombreuses années.

9. 求不得（qiú bù dé）：Ne pas trouver. 求（qiú），Chercher. 得（dé），Obtenir，trouver.

汉朝的皇帝看重女子的美貌，想找一位倾国倾城的美女，可惜在他统治的国家内找了很多年，一直都没有找到。

L'Empereur des Han était épris de beauté féminine，il recherchait une beauté extraordinaire，mais il eut beau parcourir tout le pays où il régna pendant de nombreuses années，il n'en trouva pas.

文化介绍 **Civilisation**

1. 唐玄宗(táng xuán zōng)：名叫李隆基，公元712—756年在位，一共44年。他通音律、历象之学，多才多艺。玄宗开元年间，社会安定，政治清明，经济空前繁荣，唐朝进入鼎盛时期，后人称这一时期为"开元盛世"。唐玄宗晚年贪图享乐，挥霍无度，宠爱杨贵妃，重用奸臣，最终导致"安史之乱"发生，唐朝由盛转衰。

Táng Xuán Zōng：Il s'appelait LI Longji. Il régna de 712 à 756，soit 44 ans.

Il connaissait très bien la musique, l'histoire et l'astronomie. C'était un Empereur aux talents multiples. Durant les années Kai Yuan de Xuan Zong, la société était paisible et stable, le gouvernement se dévouait à l'intérêt public avec une parfaite intégrité, l'économie était prospère et florissante. Cette période fut l'apogée de la période Tang. L'histoire la nomma la « belle époque Kai Yuan ». Mais Tang Xuan Zong cherchait les plaisirs de la vie et dépensait sans compter. Il comblait Yang Gui Fei et il favorisait des courtisans déloyaux. Tout cela conduisit à la rébellion de Anshi. À partir de cette rébellion, la Dynastie des Tang amorça son déclin.

2. 倾国倾城（qīng guó qīng chéng）：成语，倾：倾覆；城：国。本来指因为女色而导致亡国，现在主要用来形容女人非常漂亮。

Qīng guó qīng chéng：c'est un proverbe. Qing：verser ou renverser. Cheng：Pays. À l'origine cela désigne le renversement d'un pays à cause d'une belle femme；（au sens figuré）il décrit la beauté éclatante d'une femme.

课后练习 Exercices sur le texte

一、汉字练习 Caractères

1. 重 zhòng 看重/重要/沉重

看重（kàn zhòng）：汉朝的皇帝很看重女子的美貌。

Être épris de：L'Empereur des Han était épris de la beauté féminine.

2. 找 zhǎo 寻找/找到

找（zhǎo）：他想找一位最漂亮的女子。

Chercher：Il recherchait une beauté extraordinaire.

3. 治 zhì 统治/治理/治疗/政治

统治（tǒng zhì）：在他统治的国家内找了很多年。

Régner：Pendant de nombreuses années, il parcourut tout le pays où il régnait.

4. 惜 xī 可惜/珍惜

可惜（kě xī）：可惜他找了很多年，一直没有找到。

Malheureusement：Il parcourut tout le pays de nombreuses années, mais malheureusement il n'en trouva pas.

二、语言讲解 Notes

可惜在他统治的国家内找了很多年，一直都没有找到。

Il parcourut tout le pays où il régnait de nombreuses années, mais malheureusement il n'en trouva toujours pas.

一直：动作或者状态持续不变。比如：

Toujours : Action ou état sans interruption. Par exemple :

他一直晚上八点吃晚饭。Il prend toujours le dîner à huit heures du soir.

一直往前，再往左拐，就到了。Allez tout droit, et puis tournez à gauche et vous y êtes.

yáng jiā yǒu nǚ chū zhǎng chéng　　yǎng zài shēn guī rén wèi shí

杨 家 有 女 初 长 成 ，养 在 深 闺 人 未 识 。

注释：

1. 杨家：姓杨的一个人家。

2. 有女：有一个女儿。这里指杨贵妃。

3. 初：刚刚。

4. 长成：长大成人。

5. 养：生活，成长。

6. 深：深深的。

7. 闺：中国古代称女子的内室为"闺"。

8. 人：人们。

9. 未：从来没有。

10. 识：知道。

译文：

xìng yáng de rén jiā yǒu gè gāng gāng zhǎng dà chéng rén de gū niang

姓 杨 的 人 家 有 个 刚 刚 长 大 成 人 的 姑 娘 ，

yī zhí shēng huó zài shēn shēn de guī gé lǐ　méi rén jiàn guò tā de xiàng

一 直 生 活 在 深 深 的 闺 阁 里 ，没 人 见 过 她 的 相

mào

貌 。

法语翻译 Traduction

1. 杨家（yáng jiā）：La famille des Yang.

2. 有女（yǒu nǚ）：Avoir une fille. Désigne ici Yang Gui Fei.

3. 初（chū）：Tout juste.

4. 长成（zhǎng chéng）：Être majeure.

5. 养（yǎng）：Vivre.

6. 深（shēn）：Fond.

7. 闺（guī）：Terme désignant la chambre d'une jeune fille dans la Chine antique.

8. 人（rén）：Les gens.

9. 未（wèi）：Ne... jamais.

10. 识（shí）：Connaître.

姓杨的人家有个刚刚长大成人的姑娘，一直生活在深深的闺阁里，没人见过她的相貌。

Chez les Yang，il y avait une jeune fille qui venait d'atteindre sa majorité. Mais elle vivait toujours recluse dans sa chambre，personne ne la voyait jamais.

文化介绍 Civilisation

闺阁（guī gé）：也叫闺房，古时候指女子居住的内室，比较私密，所以也叫"深闺"。

Guī gé：Ou « Gui Fang » ou encore « Shen gui »：Désigne la chambre d'une jeune fille dans la Chine antique，un endroit intime.

185

课后练习 Exercices sur le texte

汉字练习 Caractères

1. 姑 gū　姑娘/姑姑

姑娘（gū niang）：杨家有一个刚刚长大的姑娘。

Une jeune fille : Chez les Yang, il y avait une jeune fille qui venait d'atteindre sa majorité.

2. 貌 mào　相貌/礼貌

相貌（xiàng mào）：没人见过她的相貌。

L'apparence : Personne ne la voyait jamais.

tiān shēng lì zhì nán zì qì yì zhāo xuǎn zài jūn wáng cè
天 生 丽 质 难 自 弃 ，一 朝 选 在 君 王 侧 ；
huí móu yí xiào bǎi mèi shēng liù gōng fěn dài wú yán sè
回 眸 一 笑 百 媚 生 ，六 宫 粉 黛 无 颜 色 。

注释：

1. 天：天然的。

2. 生：生长。

3. 丽：美丽，美好。

4. 质：身体，形体，资质。

5. 难：不容易。

6. 自：自己。

7. 弃：抛弃，扔掉。自弃：自己放弃自己，甘心落后。

8. 一朝(zhāo)：一天。

9. 选：被挑选。

10. 君王：皇帝。这里是指唐玄宗。

11. 侧：旁边，身边。

12. 回：回转，转动。

13. 眸：眼珠。

14. 百：比喻很多。

15. 媚：美好。

16. 生：严生。

17. 六宫：中国古代皇帝的后妃们居住的地方。

18. 粉黛：粉，脂粉，中国古代妇女用来化妆；黛，青黑色的颜料，中国古代妇女用来画眉。后来经常用"粉黛"作为妇女的代称。

19. 无：没有。

20. 颜色：姿色，让人觉得美丽、漂亮。

译文：

她天生丽质无法埋没啊，终于有一天被选到了皇帝身边。她转动眼珠微微一笑，就显出百媚千娇。六宫的所有美女啊，都立刻让人觉得不再漂亮。

法语翻译 Traduction

1. 天（tiān）：Naturel.

2. 生（shēng）：Inné.

3. 丽（lì）：La beauté.

4. 质（zhì）：Le corps, le physique.

5. 难（nán）：Difficile.

6. 自（zì）：Soi-même.

7. 弃（qì）：Abandonner. 自弃（zì qì）：S'abandonner.

8. 一朝（yī zhāo）：Un jour.

9. 选（xuǎn）：Être choisi, sélectionné.

10. 君王（jūn wáng）：L'Empereur des Tang.

11. 侧（cè）：À côté de.

12. 回（huí）：Tourner.

13. 眸（móu）：Prunelle.

14. 百（bǎi）：Beaucoup de.

15. 媚（mèi）：Beau.

16. 生（shēng）：Produire.

17. 六宫（liù gōng）：Dans la Chine antique, résidence des concubines de l'Empereur.

18. 粉黛（fěn dài）：C'est dans la Chine antique fěn, la poudre parfumée, le fard；que les femmes utilisaient pour embellir leur visage. Dài, de couleur cyan et noir, les femmes de la Chine antique utilisaient cette couleur pour souligner leurs sourcils. Par la suite, on utilisera le terme de « Fen dai » pour désigner les femmes.

19. 无（wú）：Sans.

20. 颜色（yán sè）：La beauté d'une femme.

她天生丽质无法埋没啊，终于有一天被选到了皇帝身边。她转动眼珠微微一笑，就显出百媚千娇。六宫的所有美女啊，都立刻让人觉得不再漂亮。

Sa beauté innée ne pouvait être cachée. Finalement, un jour elle fut choisie pour être aux côtés de l'Empereur. Quand elle souriait en roulant des yeux doux, elle exhalait le charme et la grâce. Aucune autre belle femme des six palais n'était plus admirée.

文化介绍 Civilisation

1. 天生丽质(tiān shēng lì zhì)：成语。天然生成的美丽容貌。

Tiān shēng lì zhì：C'est un proverbe. La beauté innée.

2. 百媚千娇(bǎi mèi qiān jiāo)：成语。女子的姿态十分美好。

Bǎi mèi qiān jiāo：Expression à quatre caractères（proverbe）qui désigne le charme et la grâce d'une femme.

3. 六宫(liù gōng)：古代皇帝的妃嫔们居住的地方，也指所有的妃嫔们。

Liù gōng：Dans la Chine antique, résidence des concubines de l'Empereur；désigne aussi toutes les concubines.

课后练习 Exercices sur le texte

汉字练习 Caractères

1. 终 zhōng 终于/始终

终于(zhōng yú)：她终于被皇帝选在了身边。

Finalement：Finalement, un jour elle fut choisie pour être aux côtés de l'Empereur.

2. 选 xuǎn 选举/选择

选(xuǎn)：终于有一天，她被选到了皇帝的身边。

Choisir：Finalement, un jour elle fut choisie pour être aux côtés de l'Empereur.

3. 转 zhuàn 转动/旋转/打转/自转 转(zhuǎn)：转播/转达/转送/转发

转动(zhuàn dòng)：她转动眼珠。

Rouler：Elle roula des yeux doux.

191

4. 微 wēi 微笑/微小

微笑(wēi xiào)：她微微一笑。

Sourire : Elle sourit.

5. 刻 kè 立刻/深刻/时刻

立刻(lì kè)：和她一比，别的美女立刻让人觉得不再漂亮。

Au premier coup d'œil : Au premier coup d'œil, aucune autre belle femme ne soutenait la comparaison.

chūn hán cì yù huá qīng chí　wēn quán shuǐ huá xǐ níng zhī
春 寒 赐 浴 华 清 池 ，温 泉 水 滑 洗 凝 脂 ；

shì ér fú qǐ jiāo wú lì　shǐ shì xīn chéng ēn zé shí
侍 儿 扶 起 娇 无 力 ，始 是 新 承 恩 泽 时 。

注释：

1. 春：春天。

2. 寒：寒冷。

3. 赐：赏赐。

4. 浴：洗澡。

5. 华清池：华清宫里温泉的名字，在今天的陕西省西安市临潼区。

6. 温泉：地下天然泉水。

7. 滑：温润。

8. 凝脂：比喻皮肤洁白光润，像凝结的油脂。

9. 侍儿：在尊贵的人旁边陪着的人。

10. 扶起：搀扶起来。

11. 娇：姿态妩媚可爱。

12. 无力：没有力气。

13. 始：开始。

14. 新：刚刚。

15. 承：接受。

16. 恩泽：给予的恩惠。

17. 时：某一时刻。

译文：

hán lěng de chū chūn lǐ　huáng dì shǎng cì tā zài huá qīng chí xǐ
寒 冷 的 初 春 里 ，皇 帝 赏 赐 她 在 华 清 池 洗

yù　wēn quán de shuǐ zhēn wēn rùn a　xǐ guò yǐ hòu　gèng xiǎn de
浴 ，温 泉 的 水 真 温 润 啊 ，洗 过 以 后 ，更 显 得

193

她洁白细腻的肌肤光亮无比。侍女扶着她从温泉里出来，出浴后的她，正是娇懒无力的时候，也是刚刚承受皇恩、得到皇帝宠爱的时刻。

法语翻译 **Traduction**

1. 春（chūn）：Printemps.

2. 寒（hán）：Froid.

3. 赐（cì）：Gratifier qn. de qqch.

4. 浴（yù）：Prendre un bain.

5. 华清池（huá qīng chí）：Le nom d'une source thermale dans le Palais de HUA Qing. Aujourd'hui la station thermale de Lin Tong est située au sud-est du district Lin Tong sous la juridiction de la ville de Xi'an.

6. 温泉（wēn quán）：Source chaude, eaux thermales.

7. 滑（huá）：Doux et humide.

8. 凝脂（níng zhī）：Crémeux, c'est une métaphore. La chair blanche et lisse comme la crème.

9. 侍儿（shì ér）：Les femmes de chambre, les valets qui accompagnent les nobles et sont à leur service.

10. 扶起（fú qǐ）：Tenir quelqu'un par le bras.

11. 娇（jiāo）：Mignonne, charmante et gracieuse.

12. 无力（wú lì）：Sans force.

13. 始（shǐ）：Commencer.

14. 新（xīn）：Premièrement.

15. 承（chéng）：Recevoir.

16. 恩泽（ēn zé）：Les faveurs que le souverain offre aux sujets de l'Empire.

17. 时（shí）：Le moment.

寒冷的初春里，皇上赏赐她在华清池洗浴，温泉的水真温润啊，洗过之后，更显得她洁白细腻的肌肤光亮无比。侍女扶着她从温泉里出来，出浴后的她，正是娇懒无力的时候，也是刚刚承受皇恩、得到皇帝宠爱的时刻。

À la fraîcheur du début du printemps, l'Empereur lui permit de se baigner dans l'étang Hua Qing. Les eaux chaudes de la source sont vraiment douces. Après le bain, sa peau blanche fine et douce brille d'un éclat incomparable. Les femmes de chambre l'aident à sortir de l'eau. Au sortir du bain alors qu'elle est languissante et sans force, elle reçoit pour la première fois les faveurs de l'Empereur.

文化介绍 Civilisation

华清池：也叫华清宫，位于今天陕西省西安市临潼区骊山北麓，离西安城东 30 公里左右，是以温泉汤池驰名的中国古代帝王离宫。

L'étang Hua Qing : On l'appelle aussi « Palais de Hua Qing », il se situe au nord de la Montagne Li dans le district de Lin Tong à 30 km de l'est de Xi'an. C'est une source thermale célèbre des anciens Empereurs de Chine.

课后练习 Exercices sur le texte

一、汉字练习 Caractères

1. 初 chū *初春/初级/初中/最初*

初春(chū chūn)：寒冷的初春里，皇帝赏赐她在华清池洗浴。

Le début du printemps：À la fraîcheur du début du printemps, l'Empereur lui permit de se baigner dans l'étang Hua Qing.

2. 扶 fú 　*扶持/扶植/帮扶*

扶：侍女扶着她从温泉里出来。

Tenir quelqu'un par le bras：Les femmes de chambre l'aident à sortir de l'eau.

3. 受 shòu 　*承受/接受/享受/受伤*

承受(chéng shòu)：第一次承受皇帝的宠爱就在这个时刻。

Recevoir：C'est le moment où elle reçoit pour la première fois les faveurs de l'Empereur.

二、语言讲解 Notes

出浴后的她，正是娇懒无力的时候，也是刚刚承受皇恩、得到皇帝宠爱的时刻。

Au sortir du bain alors qu'elle est languissante et sans force, elle reçoit pour la première fois les faveurs de l'Empereur.

……的时候(de shí hou)：表示动作发生的某个时间，比如：

Quand：Marque une relation temporelle de simultanéité. Par exemple：

我第一次到中国的时候，一点儿汉语也不懂。

Quand je suis arrivé en Chine pour la première fois, je ne comprenais pas du tout le chinois.

她说话的时候，一直微笑着。

Quand elle parle, elle sourit tout le temps.

yún bìn huā yán jīn bù yáo　　fú róng zhàng nuǎn dù chūn xiāo

云鬓花颜金步摇，芙蓉帐暖度春宵；

chūn xiāo kǔ duǎn rì gāo qǐ　　cóng cǐ jūn wáng bù zǎo cháo

春宵苦短日高起，从此君王不早朝。

注释：

1. 云鬓：形容女孩子的头发又软又密，就像堆着的层层云朵一样好看。云：云彩，云朵。

鬓：鬓角，也就是脸上靠近耳朵的头发。这里指头发。

2. 花：像花一样的。

3. 颜：面容，容貌。

4. 金步摇：中国古代妇女戴在头上的一种首饰。用金丝、银丝做成龙凤、花枝的形状，再在上面挂一些珠玉作点缀，插在头发上。人走一步，这个首饰就会摇动一下，所以叫"步摇"。

5. 芙蓉帐：芙蓉花染成的帐子，指华丽的帐。芙蓉：一种花名。

6. 暖：暖和，温暖。

7. 度：度过。

8. 春宵：春天的夜晚，也指男欢女爱的夜晚。

9. 苦：很，太。

10. 短：时间不长。

11. 日：太阳。

12. 高：高高地。

13. 起：升起。

14. 从此：从这一天开始。

15. 君王：皇帝。这里指唐玄宗。

16. 早朝：中国古代的皇帝，每天早上要朝会办公，跟大臣们商量国家大事。

译文：

像云一样的鬓发，如花一样的容颜，头发上插着黄金做的步摇啊，一走一颤。皇帝和她在华丽温暖帷的帐里，一起度过这美好的春天的夜晚。这春夜太短了啊，一睁眼太阳已经升得很高。从那以后，皇帝不再为了国家的事情去上早朝。

法语翻译 **Traduction**

1. 云鬓(yún bìn)：Comparaison décrivant que les cheveux d'une jeune fille sont doux et épais comme des couches de nuages. 云(yún)：Des nuages. 鬓(bìn)：Cheveux des tempes, signifie ici simplement les cheveux.

2. 花(huā)：Comme les fleurs.

3. 颜(yán)：Le teint.

4. 金步摇(jīn bù yáo)：Un bijou que les femmes mettent dans les chignons.

5. 芙蓉帐(fú róng zhàng)：Les rideaux teints de fleurs d'hibiscus syriacus. 芙蓉(fú róng)：Fleurs d'hibiscus syriacus.

6. 暖(nuǎn)：Tiède.

7. 度(dù)：Passer.

8. 春宵(chūn xiāo)：Une nuit printanière, indiquant une nuit d'amour.

9. 苦(kǔ)：Très.

10. 短(duǎn)：Court, pas longtemps.

11. 日(rì)：Le soleil.

12. 高(gāo)：Élevé.

13. 起(qǐ)：Se lever.

14. 从此(còng cǐ)：Dès lors.

15. 君王(jūn wáng)：Le Souverain. Ici, ça indique Tang Xuan Zong.

16. 早朝(zǎo cháo)：Dans la Chine antique, le Souverain tient une audience matinale pour traiter des affaires de l'État avec ses ministres.

像云一样的鬓发，如花一样的容颜，头发上插着黄金做的步摇啊，一走一颤。皇上和她在华丽温暖的帷帐里，一起度过这美好的春天的夜晚。这春夜太短了啊，一睁眼太阳已经升得很高。从此以后，皇上再也没有为了国家的事情去上早朝。

La chevelure semblable à des nuages, le teint semblable à des fleurs, les bijoux en or qui ornent son chignon se balancent quand elle marche. Derrière les rideaux magnitiques, ils passent ensemble de belles nuits d'amours. Ces nuits sont très courtes, dès qu'ils ouvrent les yeux le soleil est déjà haut dans le ciel. Dès lors, le souverain ne va plus à l'audience du matin pour traiter des affaires du pays.

文化介绍 Civilisation

1. 金步摇(jīn bù yáo)：中国古代妇女戴在头上的一种首饰。用金丝、银丝做成龙凤、花枝的形状，再在上面挂一些金玉作点缀，插在头发上。人走一步，这个首饰就会摇动一下，所以叫"步摇"。

Jīn bù yáo : Un bijou que les femmes mettaient dans leurs chignons dans la Chine antique. On le fabriquait avec de la soie dorée et argentée en forme de fleurs, de dragon ou de phénix et on le décorait de perles d'or avant de le mettre dans le chignon. Ce bijou se balançait, quand les femmes marchaient, donc on dit « bu yao ».

2. 朝(cháo)：封建时代臣子拜见君主。一般来说，君王早起接见臣子，商议国事，就是"早朝"。

Cháo : À l'époque féodale, des ministres se présentaient devant le Souverain. En général, le Souverain se levait de bonne heure et recevait ses ministres pour traiter des affaires de l'État, donc on dit « zao chao ».

课后练习 Exercices sur le texte

一、汉字练习 Caractères

1. 插 chā　插手/插嘴

插(chā)：她的头发上插着黄金做的步摇。

Insérer（mettre... dans）：Des bijoux en or sont mis dans son chignon.

2. 度 dù　度过/态度/温度/长度/深度/厚度

度过(dù guò)：皇帝和她一起度过这美好的春天。

Passer：L'Empereur passe ce beau printemps avec elle.

3. 升 shēng　上升/升学/升高

升(shēng)：一睁开眼睛，太阳已经升得很高。

Se lever：Dès qu'ils ouvrent les yeux le soleil est déjà haut dans le ciel.

二、语言讲解 Notes

1. 像云一样的鬓发，如花一样的容颜。

La chevelure semblable à des nuages, le teint semblable à des fleurs.

像(如)……一样，如(像)……一样：都是表示相似。比如：

Comme, semblable à：Exprime la ressemblance. Par exemple：

她的脸像(如)花儿一样美。Son teint est beau comme les fleurs.

她的头发像(如)云一样柔美。Sa chevelure est douce comme des nuages.

2. 从那以后，皇帝再也没有为了国家的事情去上早朝。

Dès lors, le Souverain ne va plus à l'audience du matin pour traiter des affaires de l'État.

从那以后：从那个时候开始到以后，常用来叙述过去发生的事情，比如：

Dès lors：Depuis ce moment-là, cette locution est utilisée pour décrire un événement passé. Par exemple：

从那以后，他不再一个人去旅行。Dès lors, il ne voyage plus seul.

从那以后，皇帝开始不再早朝。Dès lors, le souverain ne va plus à l'audience du matin.

chéng huān shì yàn wú xián xiá　　chūn cóng chūn yóu yè zhuān yè
承 欢 侍 宴 无 闲 暇 ，春 从 春 游 夜 专 夜 。

hòu gōng jiā lì sān qiān rén　　sān qiān chǒng ài zài yì shēn
后 宫 佳 丽 三 千 人 ，三 千 宠 爱 在 一 身 。

注释：

1. 承：接受。

2. 欢：宠爱。

3. 侍：随从。

4. 宴：宴会。

5. 无：没有。

6. 闲：空闲。

7. 暇：空闲。

8. 春：春天。

9. 从：跟随，随行。

10. 春游：中国古代的帝王在春天里出宫巡游四方。

11. 夜：夜晚。

12. 专夜：专自侍寝，一人独占。

13. 后宫：皇帝的妃嫔们居住的宫殿。

14. 佳丽：美女。

15. 三千人：这里指很多美女。

16. 宠爱：过分的喜爱和偏爱。

17. 一身：一个人的身上。

译文：

bú shì chéng shòu huān chǒng　　jiù shì shì hòu yàn yǐn　　tā wú shí
不 是 承 受 欢 宠 ，就 是 侍 候 宴 饮 ，她 无 时

wú kè bú zài huáng dì de shēn biān dǎ zhuàn　　chūn tiān lǐ gēn suí huáng
无 刻 不 在 皇 帝 的 身 边 打 转 。春 天 里 跟 随 皇

dì chūn yóu　　měi tiān wǎn shàng shì hòu huáng dì　yě shì tā yī gè rén
帝 春 游 ，每 天 晚 上 侍 候 皇 帝 也 是 她 一 个 人

zhuān yǒu　　suī rán hòu gōng lǐ yǒu měi nǚ sān qiān rén　　dàn shì huáng dì
专 有 。虽 然 后 宫 里 有 美 女 三 千 人 ，但 是 皇 帝

bǎ duì qí tā rén de chǒng ài dōu jí zhōng zài le tā yí gè rén shēn
把 对 其 他 人 的 宠 爱 都 集 中 在 了 她 一 个 人 身

shàng
上 。

法语翻译 **Traduction**

1. 承（chéng）：Accepter.

2. 欢（huān）：Amour.

3. 侍（shì）：Servir.

4. 宴（yàn）：Un banquet.

5. 无（wú）：Sans.

6. 闲（xián）：Le temps libre.

7. 暇（xiá）：Le temps libre.

8. 春（chūn）：Printemps.

9. 从（cóng）：Suivre.

10. 春游（chūn yóu）：Dans la Chine antique, au printemps, l'Empereur sort du palais et voyage dans tout le pays.

11. 夜（yè）：La nuit.

12. 专夜（zhuān yè）：Elle a accaparé le droit de se coucher avec le Souverain.

13. 后宫（hòu gōng）：Les palais où les concubines du Souverain habitent dans la Chine antique.

14. 佳丽（jiā lì）：Les belles femmes.

15. 三千人（sān qiān rén）：Beaucoup de belles femmes.

16. 宠爱（chǒng ài）：Favorite.

17. 一身（yì shēn）：Sur une personne.

不是承受欢宠，就是侍候宴饮，她无时无刻不在皇帝的身边打转。春天里跟随皇上春游，每天晚上侍候皇帝也是她一个人专有。虽然后宫里有美女三千人，但是皇上把对其他人的宠爱都集中在了她一个人身上。

Qu'elle reçoive les faveurs du souverain, ou qu'elle serve à un banquet, pas un instant elle ne cesse de lui faire la cour. Au printemps, elle suit le Souverain au cours de ses voyages. Toutes les nuits, c'est elle qui a l'exclusivité de servir le Souverain. Bien qu'il y ait des milliers de belles concubines dans le palais, le souverain reporte l'amour de toutes les autres sur une seule.

文化介绍 Civilisation

无时无刻(wú shí wú kè)：成语。时时刻刻，没有间断。

wú shí wú kè：Expression à quatre caractères. Tout le temps, sans interruption.

课后练习 Exercices sur le texte

一、汉字练习 Caractères

1. 随 suí　跟随/随便/随时/随时随地

跟随(gēn suí)：春天里跟随皇帝春游。

Suivre：Elle suit le souverain au cours de ses voyages.

2. 专 zhuān　专权/专利/专题/专家/专心

专有(zhuān yǒu)：每天晚上侍候皇帝是她专有。

Exclusivité：Toutes les nuits, c'est elle qui a l'exclusivité de servir le souverain.

3. 但 dàn　但是/不但

但是(dàn shì)：虽然后宫里有美女三千人，但是皇帝只爱她一个人。

Mais：Bien qu'il y ait des milliers de belles concubines dans le palais, le Souverain reporte l'amour de toutes les autres sur une seule.

4. 集 jí　集中/搜集/集邮/聚集

集中(jí zhōng)：皇帝把爱都集中在了她一个人身上。

Concentrer（ici, reporter sur）：Le Souverain reporte l'amour de toutes les autres sur une seule.

二、语言讲解 Notes

虽然后宫里有美女三千人，但是皇帝把对其他人的宠爱都集中在了她一个人身上。

Bien qu'il y ait des milliers de belles concubines dans le palais, le Souverain reporte l'amour de toutes les autres sur une seule.

虽然……但是……：连词，表示转折，承认前面的事实，后面的结论并非理所当然，却并不因为这个事实而改变。比如：

Bien que : Conjonction marquant la relation logique concessive. Connaissant les faits précédents, ces derniers résultats ne changeront pas à cause de ces faits. Par exemple :

虽然我不是很帅，但是很多女孩儿喜欢我。

Bien que je ne sois pas beau, beaucoup de filles m'aiment.

虽然今天我身体很不舒服，但是我坚持去上课了。

Bien que je me sente mal, je tiens à suivre les cours.

jīn wū zhuāng chéng jiāo shì yè　　yù lóu yàn bà zuì hé chūn

金 屋 妆 成 娇 侍 夜 , 玉 楼 宴 罢 醉 和 春 。

注释:

1. 金屋:非常华美的房子。

2. 妆:化妆、打扮。

3. 成:完成。

4. 娇:美女。这里指杨玉环。

5. 侍夜:在晚上陪皇帝。

6. 玉楼:非常华丽的楼阁。

7. 宴:宴会。

8. 罢:结束。

9. 醉:沉醉。

10. 和:连同。

译文:

shēn gōng de yè wǎn　 tā zài huá lì de wū zǐ lǐ dǎ bàn hǎo le

深 宫 的 夜 晚 , 她 在 华 丽 的 屋 子 里 打 扮 好 了

qù shì hòu huáng dì　 huáng dì zài jīng měi de lóu gé zhōng jǔ xíng yàn

去 侍 候 皇 帝 。 皇 帝 在 精 美 的 楼 阁 中 举 行 宴

huì　 yàn huì jié shù　 tā de měi lì lián tóng wēn nuǎn de chūn fēng yī

会 , 宴 会 结 束 , 她 的 美 丽 连 同 温 暖 的 春 风 一

qǐ　 ràng dà jiā dōu chén zuì le

起 , 让 大 家 都 沉 醉 了 。

法语翻译 Traduction

1. 金屋（jīn wū）：Maison splendide.

2. 妆（zhuāng）：Se maquiller.

3. 成（chéng）：Finir.

4. 娇（jiāo）：Une belle femme，ici，ça indique YANG Yuhuan.

5. 侍夜（shì yè）：Servir le Souverain la nuit.

6. 玉楼（yù lóu）：Pavillon splendide.

7. 宴（yàn）：Un banquet.

8. 罢（bà）：Terminer.

9. 醉（zuì）：Ivre.

10. 和（hé）：Avec.

深宫的夜晚，她在华丽的屋子里打扮好了去侍候皇上。皇上在精美的楼阁中举行宴会，宴会结束，她的美丽连同温暖的春风一起，让大家都沉醉了。

Le soir, elle se fait belle dans sa chambre somptueuse pour servir l'Empereur. L'Empereur offre un banquet dans un pavillon raffiné. À la fin du banquet, la beauté de YANG Yuhuan et la douceur de la brise printanière remplissent d'ivresse tous les convives.

课后练习 Execices sur le texte

一、汉字练习 Caractères

1. 扮 bàn　　打扮/扮演

打扮（dǎ bàn）：夜晚，她打扮好了去侍候皇帝。

Se maquiller：Le soir, elle se fait belle pour servir l'Empereur.

2. 精 jīng　　精美/精神/精致/精通/精彩

精美（jīng měi）：皇帝在精美的楼阁中举行宴会。

Raffiné：L'Empereur offre un banquet dans un pavillon raffiné.

3. 举 jǔ　*举行/选举/举办*

举行(jǔ xíng)：宴会在皇宫举行。

Tenir(un banquet)：Le banquet est tenu au palais.

4. 醉 zuì　*沉醉/麻醉*

沉醉(chén zuì)：宴会结束了，她的美丽让大家都沉醉了。

Ivre：Sa beauté remplit d'ivresse tout le monde.

二、语言讲解 Notes

她在华丽的屋子里打扮好了去侍候皇帝。

Elle se fait belle dans sa chambre somptueuse pour servir l'Empereur.

这个句子是连动句，几个动词短语共同作谓语，但在语义上有目的和方式、原因和结果、先和后的关系，这些动词短语的位置不能互换。比如：

C'est une phrase avec des verbes en série. Le prédicat est composé de plusieurs verbes ou locutions verbales pour indiquer le but, la façon, la cause, la conséquence ou l'ordre. L'ordre de ces verbes/locutions verbales ne peut pas être changé. Par exemple：

她在华丽的屋子里打扮好了去侍候皇帝。（目的）

Elle se fait belle dans sa chambre somptueuse pour servir l'Empereur.（le but）

姐姐去商店买东西了。（先后）

La sœur est allée au magasin faire des achats.（l'ordre）

王先生每天坐公共汽车上班。（方式）

Monsieur WANG va au bureau en bus tous les jours.（la façon）

因为太累了，他生病住院了。（原因）

Comme il est très fatigué, il est malade et hospitalisé.（la cause）

zǐ mèi dì xiōng jiē liè tǔ　　kě lián guāng cǎi shēng mén hù

姊 妹 弟 兄 皆 列 土 ，可 怜 光 彩 生 门 户 ；

suì lìng tiān xià fù mǔ xīn　　bú zhòng shēng nán zhòng shēng nǚ

遂 令 天 下 父 母 心 ，不 重 生 男 重 生 女 。

注释：

1. 姊：姐姐。

2. 妹：妹妹。

3. 弟：弟弟。

4. 兄：哥哥。

5. 皆：副词，都。

6. 列土：分封土地。这里指的是她的姐姐、妹妹、弟弟、哥哥都被皇帝封了官，得到了很多土地和财富。

7. 可怜：让人羡慕。

8. 光彩：光荣、光芒。

9. 生：产生。

10. 门户：家庭。

11. 遂：于是。

12. 令：使，让。

13. 天下：全国。

14. 父母：爸爸和妈妈。

15. 不重生男重生女：不再重视生男孩子，而开始重视生女孩子。

译文：

tā de jiě mèi dì xiōng dōu bèi fēng le wáng hóu　　zhēn ràng rén xiàn

她 的 姐 妹 弟 兄 都 被 封 了 王 侯 ，真 让 人 羡

mù a　　quán jiā rén dōu shí fēn róng yào　　zhè ràng tiān xià zuò fù mǔ

慕 啊 ，全 家 人 都 十 分 荣 耀 。这 让 天 下 做 父 母

de　　dōu jué de shēng gè nán hái ér bù rú shēng gè nǚ hái ér

的 ，都 觉 得 生 个 男 孩 儿 不 如 生 个 女 孩 儿 。

法语翻译 **Traduction**

1. 姊(zǐ)：Sœur aînée.

2. 妹(mèi)：Sœur cadette.

3. 弟(dì)：Frère cadet.

4. 兄(xiōng)：Frère aîné.

5. 皆(jiē)：Adv. Tous.

6. 列土(liè tǔ)：Conférer un fief à quelqu'un. Indique que des fiefs et des titres ont été conférés par le Souverain à ses frères et sœurs. Ils ont reçu beaucoup de terrains et de propriétés.

7. 可怜(kě lián)：Rendre quelqu'un jaloux.

8. 光彩(guāng cǎi)：La gloire.

9. 生(shēng)：Produire.

10. 门户(mén hù)：Famille.

11. 遂(suì)：Alors.

12. 令(lìng)：Laisser.

13. 天下(tiān xià)：Dans la Chine antique, ça désigne toute la Chine ou tout le pays.

14. 父母(fù mǔ)：Père et mère.

15. 不重生男重生女(bú zhòng shēng nán zhòng shēng nǚ)：Apprécier les filles au lieu des fils.

她的姐妹弟兄都被封了王侯，好让人羡慕啊，全家上下十分荣耀。这让天下做父母的，都觉得生个男孩还不如生个女孩。

Ses frères et sœurs ont tous reçu des fiefs et des titres de noblesse, faisant bien des jaloux, toute sa famille a bénéficié des honneurs. Alors, dans tout le pays, les parents étaient tous convaincus qu'il fallait mieux mettre au monde des filles plutôt que des fils.

文化介绍 Civilisation

列土：分封土地。皇帝将土地分给大臣，授予财富和权力。

Liè tǔ : Conférer un fief à quelqu'un. Le Souverain confère des fiefs, des richesses et du pouvoir à ses ministres.

课后练习 Exercies sur le texte

一、汉字练习 Caractères

1. 羡 xiàn 羡慕

羡慕(xiàn mù)：她的兄弟姐妹都被封了王侯，让人羡慕。

Faire des jaloux : Ses frères et sœurs ont tous reçu des fiefs et des titres de noblesse, faisant bien des jaloux.

2. 荣 róng 荣耀/荣幸/光荣

荣耀(róng yào)：全家人都十分荣耀。

Honneur : Toute sa famille a bénéficié des honneurs.

3. 如 rú 不如/如果/比如/假如/例如

不如(bù rú)：父母们都觉得生个男孩不如生个女孩。

Plutôt que : Les parents étaient tous convaincus qu'il fallait mieux mettre au monde des filles plutôt que des fils.

二、语言讲解 Notes

(与其)……，不如……：否定一方面，肯定另一方面，比如：

Plutôt : (Indiquer un choix préférentiel) nier un côté, et affirmer l'autre côté. Par exemple :

(与其)说它是一座教堂，不如说它是一所学校。

On la considère comme une école plutôt que comme une église.

想去市中心，坐出租车不如坐地铁，又快又方便。

Si tu vas au centre-ville, prends le métro plutôt que le taxi, c'est rapide et pratique.

lí gōng gāo chù rù qīng yún　xiān yuè fēng piāo chù chù wén
骊 宫 高 处 入 青 云 ， 仙 乐 风 飘 处 处 闻 。

huǎn gē màn wǔ níng sī zhú　jìn rì jūn wáng kàn bù zú
缓 歌 谩 舞 凝 丝 竹 ， 尽 日 君 王 看 不 足 。

注释：

1. 骊宫：骊山上的华清宫。

2. 处：地方。

3. 入：到达。

4. 青云：高空。

5. 仙乐：皇家及宫中所奏的音乐。

6. 风飘：随风飘荡。

7. 处处：到处。

8. 闻：听见。

9. 缓歌：指音调柔缓的歌曲。

10. 谩舞：同"曼舞"，舒缓的舞姿。

11. 凝：音调缓慢。

12. 丝：弦乐器，比如琴、瑟。

13. 竹：竹制的管乐器，比如笛子、箫。"丝竹"也指音乐。

14. 尽日：一天到晚，整天。

15. 君王：皇帝。这里指唐玄宗。

16. 看：观赏，欣赏。

17. 不足：不够。

译文：

lí shān shàng huáng dì bì shǔ yòng de huá qīng gōng　zuì gāo chù hǎo
骊 山 上 皇 帝 避 暑 用 的 华 清 宫 ，最 高 处 好

xiàng zhí chā rù yún xiāo zhī zhōng　huáng gōng zhōng yǎn zòu de xiān yuè
像 直 插 入 云 霄 之 中 。 皇 宫 中 演 奏 的 仙 乐

随风飘走,到处都能听到。宫里柔和的歌声,舒缓的舞步,配合着笛箫琴瑟奏出的悠悠旋律。皇帝沉醉在其中,整天欣赏,还觉得看不够。

法语翻译 **Traduction**

1. 骊宫(lí gōng)：Palais de Hua Qing dans la montagne Li. C'est un palais du Souverain Tang Ming Huang.

2. 处(chù)：Un endroit.

3. 入(rù)：Arriver.

4. 青云(qīng yún)：Ciel haut.

5. 仙乐(xiān yuè)：La musique divine qui vient du palais.

6. 风飘(fēng piāo)：Voler au vent.

7. 处处(chù chù)：Partout.

8. 闻(wén)：Entendre.

9. 缓歌(huǎn gē)：Chants lents.

10. 谩舞(màn wǔ)：Danses gracieuses.

11. 凝(níng)：Son lent.

12. 丝(sī)：Désigne des instruments de musique à cordes, par exemple le Guqin, Se.

13. 竹(zhú)：Désigne des instruments de musique en bambou, par exemple la flûte, la flûte à bec. Ici « Si zhu » indique la musique.

14. 尽日(jìn rì)：Toute la journée, du matin au soir.

15. 君王(jūn wáng)：Le Souverain, ici c'est Tang Xuan Zong.

16. 看(kàn)：Admirer.

17. 不足(bù zú)：Insuffisant.

骊山上皇帝避暑用的华清宫，最高处好像直插入云霄之中。皇宫中演奏的仙乐随风飘走，到处都能听到。宫里柔和的歌声，舒缓的舞步，配合着笛箫琴瑟奏出的悠悠旋律。皇上沉醉在其中，整天欣赏，总也看不够。

Sur la montagne Li, les toits du palais de Hua Qing où l'Empereur passe l'été, semblent pénétrer dans les nuages. Où que l'on soit on entend une musique divine qui s'échappe du palais, portée par le vent. Dans le palais de doux chants et des danses gracieuses s'harmonisent avec le son des instruments à cordes et à vent. Le

221

Souverain enivré toute la journée de cette musique, ne se lasse pas de l'apprécier.

文化介绍 Civilisation

1. 骊宫：也就是"华清宫"。

Lí gōng : Palais de Hua Qing.

2. 丝竹：弦乐器与竹管乐器的总称，泛指音乐。"丝"指弦乐器，比如琴、瑟。竹："竹"指箫、笛子等用竹子做成的乐器。

Sī zhú : Désigne l'ensemble des instruments de musique à cordes et en bambou. « Sī zhú » désigne ici la musique. « Si » désigne des instruments de musique à cordes, par exemple le Guqin, Se. « Zhu » désigne des instruments de musique en bambou, par exemple la flûte, la flûte à bec.

课后练习 Exercies sur le texte

一、汉字练习 Caractères

1. 避 bì　避暑/躲避/避免

避暑（bì shǔ）：皇帝夏天的时候在华清宫避暑。

Passer l'été : L'Empereur passe l'été au palais de Hua Qing.

2. 演 yǎn　演奏/演出/导演/表演/演讲

演奏（yǎn zòu）：皇宫中演奏的音乐随风飘走，到处都能听到。

Jouer d'un instrument de musique : La musique divine qu'on joue au palais de Hua Qing, s'échappe, portée par le vent. On l'entend de partout.

3. 柔 róu　柔和/柔软/温柔

柔和（róu hé）：歌声十分柔和。

Doux : Les chants sont doux.

4. 配 pèi　配合/分配/搭配

配合（pèi hé）：歌声、舞步配合着悠悠旋律，皇帝沉醉在其中。

S'harmoniser : De doux chants et des danses gracieuses s'harmonisent avec le son des instruments à cordes et à vent. Le Souverain est enivré par cette musique.

5. 律 lǜ　*旋律/律师/法律*

旋律(xuán lǜ)：歌舞旋律十分优美。

Mélodie ：La mélodie des chants et les danses est excellente.

6. 欣 xīn　*欣赏/欣喜*

欣赏(xīn shǎng)：皇帝整天欣赏，还觉得看不够。

Admirer ：Le souverain ne se lasse pas de l'admirer toute la journée.

二、语言讲解 Notes

皇帝沉醉在其中，整天欣赏，还觉得看不够。

Le Souverain enivré toute la journée par cette musique, ne se lasse pas de l'apprécier.

其中：这里面，这中间。比如：

Dedans, parmi, entre. Par exemple ：

全班一共有二十个学生，其中有一半是华裔。

Il y a vingt élèves dans la classe, parmi lesquels la moitié est d'origine chinoise.

没有亲自参加过马拉松比赛，就不知道其中的苦和乐。

Si l'on ne participe pas au marathon, on ne connaît ni la peine ni la joie de cette course.

yú yáng pí gǔ dòng dì lái　　jīng pò　ní cháng yǔ yī qǔ
渔阳鞞鼓动地来，惊破《霓裳羽衣曲》。

jiǔ chóng chéng què yān chén shēng　　qiān shèng wàn qí　xī nán xíng
九重城阙烟尘生，千乘万骑西南行。

注释：

1. 渔阳：地名。在今天的河北省蓟县。
2. 鞞鼓：古代骑兵用的小鼓。
3. 动地：震撼大地。
4. 惊：惊动，震动。
5. 《霓裳羽衣曲》：唐朝时一个乐曲的名字。传说是杨玉环和唐玄宗共同创作的乐曲。
6. 九重城阙：指都城长安，现在的陕西省西安市。
7. 烟尘：烽火台报警的狼烟和战场上扬起的尘土。这里指战争。
8. 生：产生，生起。
9. 千乘(shèng)万骑(qí)：比喻很多车马和士兵。这时指跟随唐玄宗逃往四川的卫队。
10. 西南：向西南方向。
11. 行：前行。

译文：

yú yáng fǎn pàn de zhàn gǔ léi de zhèn tiān dòng dì xiǎng　jīng luàn
渔阳反叛的战鼓擂得震天动地响，惊乱
le　ní cháng yǔ yī qǔ　de wǔ bù xián shēng　zhàn zhēng de gǔn gǔn
了《霓裳羽衣曲》的舞步弦声！战争的滚滚
yān chén mí màn zài huáng dū cháng ān　qiān liàng bīng chē　wàn míng qí
烟尘弥漫在皇都长安，千辆兵车、万名骑
shì bǎo hù zhe huáng dì cōng cōng máng máng táo wǎng xī nán fāng xiàng
士保护着皇帝匆匆忙忙逃往西南方向。

法语翻译 **Traduction**

1. 渔阳(yú yáng)：Nom d'une région. Aujourd'hui，c'est le district Ji de la province de Hebei.

2. 鼙鼓(pí gǔ)：Petit tambour que les cavaliers utilisaient dans les temps anciens.

3. 动地(dòng dì)：Ébranler le sol.

4. 惊(jīng)：Ébranler.

5. 《霓裳羽衣曲》(ní cháng yǔ yī qǔ)：Titre d'une composition musicale de la dynastie des Tang. On dit que c'est YANG Yuhuan et Tang Xuan Zong qui en ont composé la mélodie.

6. 九重城阙(jiǔ chóng chéng què)：La capitale Chang'an. Aujourd'hui，c'est la ville de Xi'an dans la province du Shaanxi.

7. 烟尘(yān chén)：De la Fumée d'alarme qui vient de la tour de feu d'alarme et des poussières qui viennent des champs de bataille. Ici，ça désigne la guerre.

8. 生(shēng)：(La guerre) Éclater.

9. 千乘万骑(qiān shèng wàn qí)：Désigne beaucoup de voitures à cheval et beaucoup de soldats. Indique ici l'escorte qui accompagne Xuan Zong pour fuir vers la région du Sichuan.

10. 西南(xī nán)：Vers le sud-ouest.

11. 行(xíng)：Avancer.

渔阳反叛的战鼓擂得震天动地响，惊乱了《霓裳羽衣曲》的舞步弦声！战争的滚滚烟尘弥漫在皇都长安，千辆兵车、万名骑士保护着皇上匆匆忙忙逃往西南方向。

Les tambours guerriers des rebelles de Yuyang font vibrer ciel et terre et perturbent la musique et la danse du *Chant de la robe de plumes multicolores*. Les tourbillons de fumées et de poussières de la guerre se répandent partout dans la capitale impériale de Chang'an. Les dix mille chars et cent mille cavaliers qui protègent l'Empereur s'enfuient en toute hâte, vers le sud-ouest.

文化介绍 Civilisation

1. 渔阳(yú yáng)：地名。在今天的河北省蓟县。

Yú yáng：Nom d'une région. Aujourd'hui, c'est le district Ji dans la province du Hebei.

2.《霓裳羽衣曲》(ní cháng yǔ yī qǔ)：唐朝时一个乐曲的名字，唐代歌舞的经典之作。传说是杨玉环和唐玄宗共同创作的。

Ní cháng yǔ yī qǔ : Titre d'une composition musicale de la dynastie Tang. C'est une œuvre classique du chant des Tang. On dit que c'est YANG Yuhuan et Tang Xuan Zong qui en ont composé la mélodie.

3. 震天动地(zhèn tiān dòng dì)：成语。震：震动。震动了天地，形容声音或声势极大。

Zhèn tiān dòng dì : Expression à quatre caractères. Zhen : Ébranler, ébranler ciel et terre. Cette expression décrit la grande envergure d'un mouvement.

课后练习 Exercices sur le texte

汉字练习 Caractères

1. 战 zhàn 战争/挑战/战友

战争(zhàn zhēng)：战争在长安开始了。

Guerre : La guerre éclate dans la capitale impériale de Chang'an.

2. 惊 jīng 惊动/吃惊/惊奇/惊人/惊慌

惊(jīng)：战鼓惊乱了音乐声。

Perturber : Les tambours guerriers perturbent la musique.

3. 尘 chén 烟尘/尘土/灰尘

烟尘(yān chén)：战争的烟尘弥漫在长安。

La fumée : Les tourbillons de fumée et de poussière des combats se répandent partout dans la capitale impériale de Changan.

4. 护 hù *保护/爱护/护士/护照*

保护(bǎo hù)：士兵们保护着皇帝逃往西南方向。

Protéger：Des cavaliers protègent l'Empereur et s'enfuient vers le sud-ouest.

5. 匆 cōng *匆忙/匆匆*

匆忙(cōng máng)：他们匆匆忙忙逃往西南方向。

En toute hâte：Ils s'enfuient en toute hâte vers le sud-ouest.

cuì huá yáo yáo xíng fù zhǐ　　xī chū dū mén bǎi yú lǐ
翠 华 摇 摇 行 复 止 ， 西 出 都 门 百 余 里 。

liù jūn bù fā wú nài hé　　wǎn zhuǎn é méi mǎ qián sǐ
六 军 不 发 无 奈 何 ， 宛 转 蛾 眉 马 前 死 。

注释：

1. 翠华：皇帝的仪仗车队里用翠鸟羽毛装饰的旗子。这里指皇帝的车驾。

2. 摇摇：摇动、摇摆。

3. 行复止：走走停停。

4. 西：向西。

5. 出：离开。

6. 都门：都城长安的城门。

7. 百余里：一百多里地。里，中国古代的长度单位，一里等于现在的 500 米。

8. 六军：中国古代的皇帝最多可以有六支护卫队，所以多用"六军"来代称皇帝的卫队。

9. 不发：不再继续前进。

10. 无奈何：不知道该怎么办。

11. 宛转：指杨贵妃临死时凄楚的样子和唐玄宗的依依不舍。

12. 蛾眉：中国古代形容女子的眉毛细长弯曲，也多用来作美女的代称。这里指杨贵妃。

13. 马前死：在士兵们的战马前死去。

译文：

huáng dì de mǎ chē yáo yáo bǎi bǎi　zǒu zǒu tíng tíng　lí kāi dū
皇 帝 的 马 车 摇 摇 摆 摆 、 走 走 停 停 ， 离 开 都

chéng cháng ān de xī mén cái zǒu le dà yuē yī bǎi duō lǐ　liù jūn jiù
城 长 安 的 西 门 才 走 了 大 约 一 百 多 里 ， 六 军 就

bú zài jì xù qián jìn　　liù jūn bù kěn qián jìn gāi zěn me bàn ne　　rú
不 再 继 续 前 进 。六 军 不 肯 前 进 该 怎 么 办 呢 ？如

huā yí yàng měi mào de tā　　jìng qī cǎn de sǐ zài le jiàng shì men de
花 一 样 美 貌 的 她 ，竟 凄 惨 地 死 在 了 将 士 们 的

zhàn mǎ qián
战 马 前 。

法语翻译 Traduction

1. 翠华（cuì huá）：Drapeau de la garde d'honneur décoré par des plumes d'oiseaux vertes.

2. 摇摇（yáo yáo）：S'ébranler.

3. 行复止（xíng fù zhǐ）：Marcher et s'arrêter.

4. 西（xī）：Vers l'ouest.

5. 出（chū）：Quitter.

6. 都门（dū mén）：La porte de la capitale Chang'an.

7. 百余里（bǎi yú lǐ）：Une centaine de Li. 里（lǐ）：Li, unité de distance de la Chine antique valant 500 mètres.

8. 六军（liù jūn）：Dans la Chine antique, l'Empereur peut avoir six troupes comme escorte. Donc on utilise le terme « six troupes » pour indiquer l'escorte de l'Empereur.

9. 不发（bù fā）：Ne pas vouloir avancer.

10. 无奈何（wú nài hé）：Ne pas savoir comment faire.

11. 宛转（wǎn zhuǎn）：Indique la tristesse de Yang Gui Fei avant sa mort et le regret de Xuan Zong de se séparer d'elle.

12. 蛾眉（é méi）：Cette expression désigne les sourcils longs et fins, par extension désigne aussi la beauté. Dans cette chanson, elle représente Yang Gui Fei.

13. 马前死（mǎ qián sǐ）：Être tuée devant les chevaux de bataille.

皇上的车驾摇摇摆摆、走走停停，离开国都长安的西门才走了大约一百里，六军就不再继续前进。六军不肯前进该怎么办呢？如花一样美貌的她，竟凄惨地死在了将士们的战马前。

Le char de l'Empereur cahotant avance de manière discontinue, après avoir quitté la porte de l'ouest de Chang'an ils n'ont pu avancer que de 500 mètres, son escorte ne peut continuer plus avant. Que faire si l'escorte ne peut plus avancer ? Belle comme une fleur, elle finit misérablement tuée devant les chevaux des soldats.

文化介绍 Civilisation

六军(liù jūn)：中国古代的皇帝最多可以有六支护卫部队，所以多用"六军"来代称皇帝的卫队总数。

Liù jūn：Dans la Chine antique, l'Empereur peut avoir six troupes comme escorte. On utilise donc le terme « six troupes » pour indiquer l'escorte de l'empereur.

课后练习 Exercices sur le texte

一、汉字练习 Caractères

1. 摇 yáo 摇摆/动摇/摇晃

摇摆(yáo bǎi)：皇帝的马车摇摇摆摆，走走停停。

S'ébranler：Le char de l'Empereur cahotant avance de manière discontinue.

2. 约 yuē 大约/节约/约会/约束

大约(dà yuē)：离开长安，走了大约一百里。

Environ：Après avoir quitté Changan ils n'ont pu avancer que d'environ 500 mètres.

3. 继 jì 继续/继承

继续(jì xù)：军队不肯继续前进。

Continuer：Son escorte ne peut continuer plus avant.

4. 竟 jìng 竟然/毕竟/究竟

竟(jìng)：她竟凄惨地死在了将士们的战马前。

Incroyablement：Incroyablement, elle finit misérablement tuée devant les chevaux des soldats.

二、语言讲解 Notes

如花一样美貌的她，竟凄惨地死在了将士们的战马前。

Belle comme une fleur, c'est incroyable qu'elle finisse misérablement tuée devant les chevaux des soldats.

竟：表示没有想到。比如：

Jìng：Incroyablement, il est inimaginable que. Par exemple：

他竟这么快完成了作业。Incroyablement, il a fini ses devoirs rapidement.

她竟在法国遇见了自己小学时候的老师。Incroyablement, elle a rencontré son professeur de l'école primaire en France.

huā diàn wěi dì wú rén shōu   cuì qiáo jīn què yù sāo tóu
花 钿 委 地 无 人 收 ， 翠 翘 金 雀 玉 搔 头 。

jūn wáng yǎn miàn jiù bù dé   huí kàn xuè lèi xiāng hè liú
君 王 掩 面 救 不 得 ， 回 看 血 泪 相 和 流 。

注释：

1. 花钿：用金片做成的首饰，因为形状像花，所以叫"花钿"。

2. 委地：丢弃、抛弃在地上。

3. 无人：没有人。

4. 收：收拾，收捡。

5. 翠翘：妇女的首饰，因为形状像翠鸟尾巴上的长羽毛，所以叫"翠翘"。

6. 金雀：妇女的首饰，形状像凤的金钗。

7. 玉搔头：玉做的一种首饰，也就是玉簪(zān)。

8. 君王：皇帝。这里指唐玄宗。

9. 掩：遮住，捂住。

10. 面：脸。

11. 救不得：意思是没有办法救她。

12. 回：回头。

13. 血泪：热血和眼泪。

14. 相和：混合着。

译文：

tā de huā diàn   tā de cuì qiáo   tā de jīn què   tā de yù sāo
她 的 花 钿 、 她 的 翠 翘 、 她 的 金 雀 、 她 的 玉 搔

tóu   zhè xiē huá měi de shǒu shì dōu diū qì zài dì shàng méi rén shōu jiǎn
头 ， 这 些 华 美 的 首 饰 都 丢 弃 在 地 上 没 人 收 捡 。

huáng dì wǔ zhe liǎn   xiǎng jiù tā què jiù bù liǎo   huí tóu zài kàn měi
皇 帝 捂 着 脸 ， 想 救 她 却 救 不 了 ， 回 头 再 看 美

rén   zhǐ bu zhù yǎn lèi hé rè xuè yī qǐ liú
人 ， 止 不 住 眼 泪 和 热 血 一 起 流 。

法语翻译 **Traduction**

1. 花钿(huā diàn)：Bijou qui est composé d'une plaque d'or en forme de fleur, qu' on l'appelle « hua dian ».

2. 委地(wěi dì)：Jeter à terre.

3. 无人(wú rén)：Personne… ne.

4. 收(shōu)：Ramasser.

5. 翠翘(cuì qiào)：Sorte de bijou féminin dont la forme ressemble à la longue plume de la queue des oiseux verts, qu' on appelle « Cui qiao ».

6. 金雀(jīn què)：Sorte de bijou féminin. C'est l'épingle à cheveux en or dont la forme ressemble au phénix.

7. 玉搔头(yù sāo tóu)：Sorte de bijou de jade, épingle à cheveux en jade.

8. 君王(jūn wáng)：Le Souverain, Xuan Zong.

9. 掩(yǎn)：Cacher.

10. 面(miàn)：Visage.

11. 救不得(jiù bù dé)：Ne pas savoir comment la sauver.

12. 回(huí)：Tourner la tête.

13. 血泪(xuè lèi)：Sang et larmes.

14. 相和(xiāng hè)：Mélanger.

她的花钿、她的翠翘、她的金雀、她的玉搔头，这些华美的首饰都丢弃在地上没人收捡。皇上捂着脸，想救她却救不了，回头再看美人，止不住眼泪和热血一起流。

Sa parure de fleurs, ses épingles à cheveux de jade, ses oiseaux dorés, tous ses bijoux précieux sont abandonnés par terre, personne ne les ramasse. L' Empereur se cache le visage dans les mains, il voudrait la sauver mais ne peut plus rien faire. En tournant la tête, il voit pour la dernière fois sa beauté et verse des larmes de sang.

文化介绍 Civilisation

花钿、翠翘、金雀、玉搔头：都是古代女子身上或者头上的装饰品。Ce sont des bijoux pour orner les cheveux ou le corps d'une femme dans la Chine antique.

课后练习 Exercices sur le texte

一、汉字练习 Caractères

1. 弃 qì　丢弃/抛弃/放弃

丢弃(diū qì)：那些华美的首饰都丢弃在地上。

Abandonner：Tous les bijoux précieux sont abandonnés par terre.

2. 捡 jiǎn　捡拾/捡破烂儿

捡(jiǎn)：东西丢在地上没人捡。

Ramasser：Personne ne les ramasse.

3. 止 zhǐ　止不住/禁止/停止/防止

止不住(zhǐ bu zhù)：皇帝捂着脸，止不住眼泪和热血一起流。

Ne pouvoir s'empêcher de：L'Empereur se cache le visage dans les mains, il ne peut s'empêcher de verser des larmes de sang.

二、语言讲解 Notes

回头再看美人，止不住眼泪和热血一起流。

En tournant la tête, il voit pour la dernière fois sa beauté et il ne peut s'empêcher de verser des larmes de sang.

止不住：不能停止。比如：Ne pouvoir s'empêcher. Par exemple：

伤心的眼泪止不住往下流。Les larmes de tristesse ne peuvent être retenues.

一个人在国外的时候，会止不住想念自己的家人。Quand on est seul à l'étranger, on ne peut s'empêcher de penser à sa famille.

huáng āi sǎn màn fēng xiāo suǒ　　yún zhàn yíng yū dēng jiàn gé
黄 埃 散 漫 风 萧 索，云 栈 萦 纡 登 剑 阁。

é méi shān xià shǎo rén xíng　　jīng qí wú guāng rì sè báo
峨 眉 山 下 少 人 行，旌 旗 无 光 日 色 薄。

注释：

1. 黄埃：黄色的尘土。
2. 散漫：遍布。
3. 萧索：凄凉。
4. 云栈：高入云霄的栈道。栈：栈道，中国古代在山上比较陡峭危险的地方用木头搭建的路。
5. 萦纡：回环曲折的样子。
6. 登：攀登，登上。
7. 剑阁：县名，在四川省，其北有剑门关，是中国古代一个非常险要的关口。
8. 峨眉山：山的名字，在四川省。
9. 少：不多。
10. 行：行走。
11. 旌旗：旗帜。
12. 无光：没有光彩。
13. 日色：阳光。
14. 薄：阳光昏暗。

译文：

huáng shā biàn dì　hán fēng xiāo sè　zhàn dào gāo rù yún xiāo　qū
黄 沙 遍 地，寒 风 萧 瑟。栈 道 高 入 云 霄，曲
zhé huán rào　　zhōng yú yī kào tā guò le jiàn gé　é méi shān dǐ xià
折 环 绕，终 于 依 靠 它 过 了 剑 阁。峨 眉 山 底 下
hěn shǎo kàn jiàn xíng rén　huáng dì wèi duì de jīng qí shī qù le guāng
很 少 看 见 行 人，皇 帝 卫 队 的 旌 旗 失 去 了 光
cǎi　　tài yáng guāng yě nà me hūn àn
彩，太 阳 光 也 那 么 昏 暗。

法语翻译 Traduction

1. 黄埃(huáng āi)：Poussières jaunes.

2. 散漫(sǎn màn)：Se disperser.

3. 萧索(xiāo suǒ)：Triste.

4. 云栈(yún zhàn)：Passerelle de bois qui conduit jusqu'au ciel. 栈(zhàn)：Dans la Chine antique, la passerelle de bois est accrochée au flanc d'une montagne pour servir de chemin.

5. 萦纡(yíng yū)：Tortueux ; sinueux.

6. 登(dēng)：Monter.

7. 剑阁(jiàn gé)：Un nom du comté de Sichuan, au nord de Jian'ge où se trouve Jian Men Guan, un fort stratégique très important de la Chine antique.

8. 峨眉山(é méi shān)：Nom d'une montagne, dans la province du Sichuan.

9. 少(shǎo)：Peu.

10. 行(xíng)：Marcher.

11. 旌旗(jīng qí)：Les drapeaux.

12. 无光(wú guāng)：Pas d'éclat.

13. 日色(rì sè)：Lumière.

14. 薄(báo)：L'obscurité.

黄沙遍地，寒风萧瑟。栈道高入云霄，曲折环绕，终于依靠它过了剑阁。峨眉山底下很少看见行人，皇上卫队的旌旗失去了光彩，太阳光也那么昏暗。

La poussière jaune se disperse partout, un vent froid siffle. Empruntant les passerelles sinueuses conduisant jusqu'au ciel, le cortège accède finalement au fort de Jian'ge. Au pied du Mont Emei, on ne voit quasiment personne. Les drapeaux de l'escorte royale ont perdu leur splendeur, le soleil même s'est assombri.

文化介绍 Civilisation

峨眉山(é méi shān)：山的名字，在四川省峨眉山市。地势陡峭，风景秀丽。

é méi shān：Nom d'une montagne，dans la ville Emei Shan de la province du Sichuan. La montagne est escarpée et les paysages sont magnifiques.

课后练习 Exercices sur le texte

汉字练习 Caractères

1. 遍 biàn　遍地/普遍

遍地（biàn dì）：遍地都是黄沙。

Partout：La poussière jaune se disperse partout.

2. 曲 qū　曲折/弯曲　曲（qǔ）：乐曲/歌曲/曲子

曲折（qū zhé）：道路十分曲折。

Sinueux：Les passerelles sont sinueuses.

3. 依 yī　依靠/依旧/依据/依照

依靠（yī kào）：终于依靠栈道过了剑阁。

Au moyen de：Au moyen de passerelles, on accède finalement au fort de Jian'ge.

4. 光 guāng　光彩/光荣/阳光/眼光/月光/风光/日光/时光

光彩（guāng cǎi）：皇帝卫队的旌旗失去了光彩。

Éclat：Les drapeaux de l'escorte royale ont perdu leur splendeur.

5. 暗 àn　昏暗/黑暗/暗示/阴暗

昏暗（hūn àn）：太阳光也是那么的昏暗。

Obscurité：Le soleil mêmc s'est assombri.

shǔ jiāng shuǐ bì shǔ shān qīng　　shèng zhǔ zhāo zhāo mù mù qíng
蜀 江 水 碧 蜀 山 青 ， 圣 主 朝 朝 暮 暮 情 。

xíng gōng jiàn yuè shāng xīn sè　　yè yǔ wén líng cháng duàn shēng
行 宫 见 月 伤 心 色 ， 夜 雨 闻 铃 肠 断 声 。

注释：

1. 蜀：今天的四川省一带。

2. 碧：青绿色。

3. 圣主：英明的天子。

4. 朝(zhāo)朝(zhāo)暮暮：每天的早上和晚上。

5. 情：思念的感情。

6. 行宫：都城以外，皇帝出行时居住的宫殿。

7. 见：看见。

8. 月：月亮。

9. 伤心：使心灵受伤，悲痛。

10. 色：景色。

11. 夜：夜晚。

12. 闻：听到，听见。

13. 铃：用铜、铁作圆壳，下面稍微裂开，把金属球悬放在里面，摇动它就发出声响。

14. 肠断：使肠子断开。

15. 声：声音、声响。

译文：

sì chuān de jiāng shuǐ zhè me bì lù　　sì chuān de shān fēng zhè me
四 川 的 江 水 这 么 碧 绿 ， 四 川 的 山 峰 这 么

qīng cuì huáng dì kàn zhe zhè xiē měi jǐng　　zhǐ bu zhù rì yè huái
青 翠 ， 皇 帝 看 着 (这 些 美 景) ， 止 不 住 日 夜 怀

念自己心爱的姑娘。行宫里看见清冷的月光，这景色让人伤心；夜雨中听见风吹屋铃，这声音让人肝肠寸断。

法语翻译 **Traduction**

1. 蜀(shǔ)：Région de la province du Sichuan.

2. 碧(bì)：Turquoise.

3. 圣主(shèng zhǔ)：Le Souverain sage.

4. 朝朝暮暮(zhāo zhāo mù mù)：Tous les matins et tous les soirs.

5. 情(qíng)：Sentiment de penser à quelqu'un.

6. 行宫(xíng gōng)：En dehors de la capitale, les palais provisoires où le Souverain habite quand il sort de la capitale.

7. 见(jiàn)：Voir.

8. 月(yuè)：La lune.

9. 伤心(shāng xīn)：La douleur, la tristesse.

10. 色(sè)：La vue.

11. 夜(yè)：La nuit.

12. 闻(wén)：Entendre.

13. 铃(líng)：Grelots. Instrument en métal fait d'une coque ronde en bronze ou en fer fendue au fond ; à l'intérieur il y a une boule en métal qui le fait tinter quand on l'agite.

14. 肠断(cháng duàn)：Navré.

15. 声(shēng)：Le son.

四川的江水这么碧绿，四川的山峰这么青翠，皇上看着(这些美景)，忍不住日日夜夜怀念自己心爱的姑娘。行宫里看见清冷的月光，这景色让人伤心；夜雨中听见风吹屋铃，这声音让人肝肠寸断。

Que les rivières du Sichuan sont bleues ! Que les montagnes sont vertes ! En les voyant, l'Empereur ne peut s'empêcher de penser jour et nuit à son amante. Dans le palais provisoire, il regarde la lune froide ; Tout ce qui croise son regard accroît sa tristesse. Dans la pluie nocturne et les bourrasques de vent, il croit entendre le tintement des grelots ; Ce n'est que le bruit de son cœur brisé.

文化介绍 Civilisation

1. 行宫(xíng gōng)：在都城以外，皇帝出行时居住的宫殿。

Xíng gōng：En dehors de la capitale, les palais provisoires où le souverain habite quand il sort de la capitale.

2. 肝肠寸断(gān cháng cùn duàn)：成语，肝肠一寸寸断开，相容伤心到了极点。

Gān cháng cùn duàn : Expression à quatre caractères qui décrit une grande tristesse.

课后练习 Exercices sur le texte

汉字练习 Caractères

1. 绿 lǜ　碧绿/翠绿/绿化

碧绿(bì lǜ)：四川的江水这么碧绿啊。

Turquoise : Que les rivières du Sichuan sont bleues !

2. 怀 huái　怀念/怀疑/怀孕/关怀

怀念(huái niàn)：皇帝止不住怀念自己心爱的姑娘。

Penser à quelqu'un : L'empereur ne peut s'empêcher de penser à son amante.

3. 景 jǐng　景色/景物/前景/风景/背景

景色(jǐng sè)：这景色让人伤心。

Paysages : Tous ces paysages le rendent triste.

tiān xuán rì zhuàn huí lóng yù　　dào cǐ chóu chú bù néng qù

天 旋 日 转 回 龙 驭 ， 到 此 踌 躇 不 能 去 。

mǎ wéi pō xià ní tǔ zhōng　　bú jiàn yù yán kōng sǐ chù

马 嵬 坡 下 泥 土 中 ， 不 见 玉 颜 空 死 处 。

注释：

1. 天旋日转：天空旋转，太阳转动。比喻非常大的变化。

2. 回：返回。

3. 龙驭：皇帝的车驾。

4. 到此：走到这个地方(马嵬坡)。

5. 踌躇：来回走动不前进。

6. 不能去：不舍得离开(这个地方)。

7. 马嵬坡：地名，杨玉环死的地方。

8. 玉颜：形容美丽的容貌。多用来作美女的代称，这里指杨贵妃。

9. 空：副词，只有。

10. 死处：死去的地方。

译文：

zhèng zhì jú shì hǎo zhuǎn　　huáng dì fǎn huí dū chéng　　lù guò yáng

政 治 局 势 好 转 ， 皇 帝 返 回 都 城 。 路 过 杨

guì fēi sǐ qù de nà gè dì fang　　huáng dì zǒu lái zǒu qù bù qián jìn

贵 妃 死 去 的 那 个 地 方 ， 皇 帝 走 来 走 去 不 前 进 ，

shě bu dé mǎ shàng lí qù　　mǎ wéi pō xià　　kàn bú jiàn tā de měi rén

舍 不 得 马 上 离 去 。 马 嵬 坡 下 ， 看 不 见 他 的 美 人 ，

zhī kàn jiàn tā dāng nián sǐ qù dc nà gè dì fang

只 看 见 她 当 年 死 去 的 那 个 地 方 。

法语翻译 Traduction

1. 天旋日转（tiān xuán rì zhuàn）：Le ciel change, cette expression désigne un grand changement.

2. 回（huí）：Retourner.

3. 龙驭（lóng yù）：Le char impérial.

4. 到此（dào cǐ）：Parvenir à cet endroit.

5. 踌躇（chóu chú）：Ne pas avancer, aller et venir.

6. 不能去（bù néng qù）：Ne pas vouloir s'éloigner de cet endroit.

7. 马嵬坡（mǎ wéi pō）：L'endroit où Yang Gui Fei est morte.

8. 玉颜（yù yán）：C'est une métaphore désignant une belle apparence ou une beauté. Ici, Yang Gui Fei.

9. 空（kōng）：Seulement.

10. 死处（sǐ chù）：Le lieu de sa mort.

政治局势好转，皇帝返回京城。经过杨贵妃死去的那个地方，皇上走来走去不前进，舍不得马上离去。马嵬坡下，看不到他的美人，只看见她当年死去的那个地方。

La situation politique s'étant améliorée, l'Empereur retourne à la capitale. Quand il arrive à l'endroit où sa concubine mourut, il ne peut plus le quitter. Au pied du mont Mawei, il ne voit plus le visage de sa beauté, il ne voit plus que le lieu où elle a péri.

文化介绍 Civilisation

马嵬坡（mǎ wéi pō）：地名，杨玉环死的地方。在今天的陕西兴平市西。

Mǎ wéi pō：L'endroit où YANG Yuhuan est morte. À présent, c'est à l'ouest de la ville Xingping dans la province du Shaanxi.

课后练习 Exercices sur le texte

一、汉字练习 Caractères

1. 返 fǎn 返回／往返

返回(fǎn huí)：政治局势好转，皇帝返回都城。

Retourner : La situation politique s'étant améliorée, l'Empereur retourne à la capitale.

2. 舍 shě 舍不得／舍得　舍(shè)：宿舍／农舍／左邻右舍

舍不得(shě bu dé)：皇帝舍不得马上离去。

Ne pas vouloir : L'Empereur ne veut pas le quitter tout de suite.

二、语言讲解 Notes

1. 皇帝走来走去不前进，舍不得马上离去。

L'Empereur ne veut plus continuer à avancer, il ne veut pas le quitter sur le champ.

舍不得：很爱惜，不愿意放弃、离开或者不愿意使用、处置。比如：

Ne pas vouloir : Tenir à quelque chose, ne pas avoir envie d'abandonner/ utiliser/traiter. Par exemple :

来中国一年多，我交了很多中国朋友，很舍不得离开他们。

Je suis en Chine depuis une année. J'ai fait la connaissance de beaucoup d'amis chinois. Je ne veux pas les quitter.

这件礼物太珍贵了，我舍不得用。Ce cadeau est si précieux que je ne veux pas l'utiliser.

2. 看不见他的美人，只看见她当年死去的那个地方。

Je ne vois plus le visage de ma beauté, je ne vois plus que le lieu où elle a péri cette année-là.

当年：那一年里。"当……"表示事情发生的某一个时间，所以有"当时、当日(天)、当月、当年"等。比如：

Dāng nián：La même année. « Dang » désigne le moment où quelque chose survient，comme dans l'expression « ce moment-là », « ce jour-là », « ce mois-là » « cette année-là », etc. Par exemple：

我当时只有十二岁。Je n'avais que douze ans à ce moment-là.

她当天就把钱还给我了。Elle m'a rendu l'argent le jour même.

jūn chén xiāng gù jìn zhān yī　　dōng wàng dū mén xìn mǎ guī

君 臣 相 顾 尽 沾 衣 , 东 望 都 门 信 马 归 。

注释:

1. 君:皇帝。

2. 臣:大臣。

3. 相顾:互相看着。

4. 尽:副词,都。

5. 沾衣:眼泪落在衣服上。

6. 东望:向东看。

7. 都门:都城长安的城门。

8. 信马:让马匹随意行走。

9. 归:返回,回来。

译文:

jūn kàn kan chén　　chén kàn kan jūn　　zhǐ bu zhù rè lèi dī shī le

君 看 看 臣 , 臣 看 看 君 , 止 不 住 热 泪 滴 湿 了

yī fu　　xīn fán yì luàn a　　xìn mǎ yóu jiāng xiàng dōng huí dào le dū

衣 服 。心 烦 意 乱 啊 ,信 马 由 缰 向 东 回 到 了 都

chéng cháng ān

城 长 安 。

法语翻译 *Traduction*

1. 君(jūn)：Le Souverain.

2. 臣(chén)：Les ministres.

3. 相顾(xiāng gù)：Se regarder.

3. 尽(jìn)：Adv. Tout.

4. 沾衣(zhān yī)：Les larmes mouillent leurs habits.

5. 东望(dōng wàng)：Regarder vers l'est.

6. 都门(dū mén)：La porte de la ville de Chang'an.

7. 信马(xìn mǎ)：Laisser des chevaux marcher librement.

8. 归(guī)：Retourner.

君看看臣，臣看看君，忍不住热泪滴湿了衣服。心烦意乱啊，信马由缰向东回到了都城长安。

L'empereur et les ministres se regardent, ils ne peuvent retenir leurs larmes. Bouleversés, guidés vers l'est par leurs chevaux qu'ils tiennent par les rennes, ils arrivent à la capitale Chang'an.

文化介绍

1. 心烦意乱(xīn fán yì luàn)：成语。意：心思。心思烦乱，不知怎样才好。

Xīn fán yì luàn：Expression à quatre caractères. « yi » désigne le cœur et la pensée. Avoir le cœur bouleversé et ne pas savoir comment faire.

2. 信马由缰(xìn mǎ yóu jiāng)：成语。骑着马没有目的地闲逛，也比喻随便走走。

Xìn mǎ yòu jiāng：Expression à quatre caractères. On laisse les chevaux marcher librement sans but. On l'utilise aussi pour désigner que l'on marche sans but précis.

课后练习 Exercices sur le texte

汉字练习 Caractères

1. 滴 dī　汗滴／水滴／一滴滴

滴（dī）：止不住的热泪滴湿了衣服。

Couler goutte à goutte : Les larmes coulent goutte à goutte et mouillent leurs habits.

2. 湿 shī　打湿／湿度／潮湿

湿（shī）：眼泪打湿了衣服。

Mouiller : Les larmes mouillent leurs habits.

guī lái chí yuàn jiē yī jiù　　tài yè fú róng wèi yāng liǔ
归来池苑皆依旧，太液芙蓉未央柳。

fú róng rú miàn liǔ rú méi　　duì cǐ rú hé bú lèi chuí
芙蓉如面柳如眉，对此如何不泪垂？

注释：

1. 归来：回来。
2. 池：水塘。
3. 苑：养动物种草木的地方。一般是中国古代帝王游猎的场所。
4. 皆：副词，都。
5. 依旧：跟原来一模一样。
6. 太液：太液池。人工湖的名字，在皇宫里面。
7. 芙蓉：荷花。
8. 未央：未央宫。未央宫本来是汉朝的皇宫名，这里指的是唐玄宗的皇宫。
9. 柳：柳树。
10. 如：像……一样。
11. 面：脸。
12. 眉：眉毛。
13. 对：面对。
14. 此：这，这些。这里指的池塘、皇宫里的荷花和柳树。
15. 如何：怎么。
16. 泪垂：掉眼泪。泪：眼泪。垂：落下，掉落。

译文：

huí lái kàn jiàn gōng yuàn yuán lín yī qiè dōu yī jiù　　tài yè chí de
回来看见宫苑园林一切都依旧，太液池的

jiāo xiū hé huā yìng chèn zhe wèi yāng gōng de ē nuó liǔ shù　　nà fěn nèn
娇羞荷花映衬着未央宫的婀娜柳树。那粉嫩

de hé huā duō xiàng tā de liǎn a　　nà xì cháng de liǔ yè duō xiàng tā
的荷花多像她的脸啊，那细长的柳叶多像她

de méi　　kàn jiàn tā men　　zěn néng bú ràng rén luò lèi yōu chóu
的眉，看见它们，怎能不让人落泪忧愁？

法语翻译 Traduction

1. 归来（guī lái）：Retourner.

2. 池（chí）：Un étang.

3. 苑（yuàn）：L'endroit où on élève des animaux et où on cultive des plantes. En général, c'est l'endroit où les Empereurs chassent.

4. 皆（jiē）：Adv. Tout.

5. 依旧（yī jiù）：Comme avant, pas de changement.

6. 太液（tài yè）：Nom d'un étang qui se situe dans le palais de Tang Xuan Zong.

7. 芙蓉（fú róng）：Fleur de lotus.

8. 未央（wèi yāng）：Un palais de la dynastie des Han. Indique ici le palais de Tang Xuan Zong.

9. 柳（liǔ）：Un saule.

10. 如（rú）：Comme.

11. 面（miàn）：Le visage.

12. 眉（méi）：Le sourcil.

13. 对（duì）：Face à.

14. 此（cǐ）：Cela, indique l'étang, les saules et fleurs de lotus du palais.

15. 如何（rú hé）：Comment.

16. 泪垂（lèi chuí）：Pleurer, verser des larmes. 泪（lèi）：Larmes. 垂（chuí）：Verser, tomber.

回来看见宫苑园林都一切如旧，太液池的娇羞荷花正映衬着未央宫的婀娜翠柳。那粉嫩的荷花多像她的脸啊，那细长的柳叶多像她的眉，看见它们，怎么能不让人落泪忧愁！

Ils retournent dans le parc du palais, tout y est demeuré comme avant. Les délicates fleurs de lotus se reflètent dans l'étang Taiye au milieu des saules élégants du palais de Weiyang. Les fleurs de lotus tendres évoquent le visage de Yang Gui Fei et les fines feuilles des saules ses cils. L'Empereur en les voyant ne peut retenir ses larmes !

文化介绍

1. 太液(tài yè)：太液池。一个人工湖的名字，在唐玄宗的皇宫里面。

Tài yè：Nom d'un étang qui se situe dans le palais de Tang Xuan Zong.

2. 未央(wèi yāng)：未央宫。未央宫本来是汉朝的皇宫名，旧址在今陕西西安城西北，这里指的是唐玄宗的皇宫。

Wèi yāng：Un palais de la dynastie des Han，au nord-ouest de la ville Xi'an，dans la province du Shaanxi. Indique ici le palais de Tang Xuan Zong.

课后练习 Exercices sur le texte

一、汉字练习 Caractères

1. 旧　依旧/陈旧/破旧/照旧

依旧(yī jiù)：回来看见宫苑园林都依旧。

Comme avant，sans changement：Ils retournent dans le parc du palais，tout y est demeuré comme avant.

2. 粉　粉嫩/粉笔/面粉/粉末

粉嫩(fěn nèn)：那粉嫩的荷花多像她的脸。

Tendre et rosé：Les fleurs de lotus tendres et rosées évoquent son visage.

3. 忧　忧愁/担忧/忧虑

忧愁(yōu chóu)：看见这些花儿，怎么能不让人落泪忧愁?

Tristesse：En voyant les fleurs，comment peut-on retenir nos larmes ?

二、语言讲解 Notes

看见它们，怎能不让人落泪忧愁?

En les voyant，comment peut-on retenir nos larmes ?

怎能不：反问，表示强烈的肯定。比如：

Comment ne pas faire：Pour retourner les questions à celui qui les a posées.

C'est une question rhétorique. Par exemple :

良药怎能不苦口? Comment un bon remède peut-il ne pas être amer ? (Un bon remède est amer, n'est-ce pas ?)

作为朋友，我怎能不帮助他? En tant qu'ami, pourquoi ne l'aiderais je pas ? (En tant qu' ami, il faut que je l'aide, n'est-ce pas ?)

chūn fēng táo lǐ huā kāi rì　　qiū yǔ wú tóng yè luò shí
春 风 桃 李 花 开 日 ，秋 雨 梧 桐 叶 落 时 。

xī gōng nán nèi duō qiū cǎo　　luò yè mǎn jiē hóng bù sǎo
西 宫 南 内 多 秋 草 ，落 叶 满 阶 红 不 扫 。

注释：

1. 春风：春天的风。

2. 桃李：桃树和李树。

3. 花：花朵。

4. 开：开放。

5. 秋雨：秋天的雨。

6. 梧桐：一种树的名字。中国古代认为象征吉祥的鸟——"凤凰"，在梧桐树上筑巢生活。

7. 叶：树叶。

8. 落：落下，掉落。

9. 时：时候。

10. 西宫：唐玄宗住的太极宫。

11. 南内：唐玄宗住的兴庆宫。

12. 多：有很多。

13. 秋草：秋天的枯黄的草。

14. 落叶：皇宫中落下的树叶。

15. 阶：台阶。

16. 红：（红）花。

17. 不扫：不打扫。

译文：

jīng guò le nuǎn fēng chuī kāi táo huā　　lǐ huā de chūn tiān　　lěng yǔ
经 过 了 暖 风 吹 开 桃 花 、李 花 的 春 天 ，冷 雨敲打梧桐，落叶的秋季又来到了！唐明皇住的西宫和南内里，到处是枯黄的秋草，落叶、残花堆积在庭院的台阶上，也无人打扫。

法语翻译 Traduction

1. 春风(chūn fēng)：La brise du printemps.

2. 桃李(táo lǐ)：Les fleurs de pêcher et de prunier.

3. 花(huā)：Les fleurs.

4. 开(kāi)：Éclore, s'épanouir.

5. 秋雨(qiū yǔ)：La pluie en automne.

6. 梧桐(wú tóng)：Le platane, nom d'un arbre. Dans la Chine antique, on croit que « le phénix » — oiseau de bon augure choisit de bâtir son nid dans un platane.

7. 叶(yè)：Les feuilles.

8. 落(luò)：Tomber.

9. 时(shí)：Le moment.

10. 西宫(xī gōng)：Le Palais de Taiji où Xuan Zong habite.

11. 南内(nán nèi)：Le palais de Xingqing où Xuan Zong habite.

12. 多(duō)：Beaucoup de.

13. 秋草(qiū cǎo)：Les herbes jaunies en automne.

14. 落叶(luó yè)：Les feuilles qui tombent dans le palais.

15. 阶(jiē)：Des escaliers.

16. 红(hóng)：Des fleurs rouges.

15. 不扫(bù sǎo)：Ne pas balayer.

经过了暖风吹开桃花、李花的春天，冷雨敲打梧桐，落叶的秋季又来到了！唐明皇居住的西宫和南内里，到处是枯黄的秋草，落叶、残花堆积在庭院的台阶上也无人打扫。

Après le printemps où la douce brise fait éclore les fleurs de pêcher et de prunier, la pluie froide de l'automne fait tomber les feuilles des platanes. Dans le palais de l'ouest et le parc du sud, les feuilles et les herbes jaunies jonchent le sol. Personne ne balaie les feuilles mortes et les fleurs flétries qui s'accumulent sur les marches.

文化介绍 Civilisation

　　唐明皇(táng míng huáng)：唐玄宗也被称为"唐明皇"，源于其谥号。中国古代帝王，除了他们的姓名外，一般在死后都有庙号、谥号。所谓"庙号"，就是皇帝的子孙在宗庙祭祀他时给他特立的名号；所谓"谥号"，就是古代帝王、诸侯、卿大夫、高官大臣等死后，朝廷根据他们的生平行为给予一种称号，以褒贬善恶。

　　Táng Míng Huáng：« Ming » vient du titre posthume de Tang Xuan Zong, on l'appelle alors « Tang Ming Huang ». Les Empereurs de la Chine antique ont un titre de temple des ancêtres et un titre posthume. « Miao hao » c'est le titre spécial d'un empereur que ses descendants utilisaient au temps des ancêtres de la famille impériale quand ils offraient des sacrifices aux dieux ou aux ancêtres ; « Shi hao » c'est après la mort d'un empereur, d'un feudataire, d'un haut fonctionnaire ou d'un ministre, un titre que le gouvernement leur donne pour concrétiser l'impression qu'ils ont laissée d'eux.

课后练习 Exercices sur le texte

汉字练习 Caractères

1. 春 chūn　春天/春节/青春

春天(chūn tiān)：春天，暖风吹开了桃花、李花。

Printemps : Au printemps, la douce brise fait éclore les fleurs de pêcher et de prunier.

2. 敲 qiāo　敲打/敲门/推敲

敲打(qiāo dǎ)：冷雨敲打梧桐的树叶。

Faire tomber : La pluie froide fait tomber les feuilles des platanes.

3. 秋 qiū　秋季/秋天/中秋

秋季(qiū jì)：落叶的秋季又来到了！

L'automne : L'automne où les feuilles des arbres tombent arrive !

4. 堆 duī　堆积/堆放/一堆

堆积(duī jī)：落叶、残花堆积在庭院的台阶上。

S'accumuler : Les feuilles mortes et les fleurs flétries qui s'accumulent sur les marches.

5. 扫 sǎo　打扫/扫除/扫地/扫雪

打扫(dǎ sǎo)：台阶上堆满了落叶、残花，也无人打扫。

Balayer : Personne ne balaie les feuilles mortes et les fleurs flétries qui s'accumulent sur les marches.

lí yuán dì zǐ bái fà xīn　　jiāo fáng ā jiān qīng é lǎo
梨园弟子白发新，椒房阿监青娥老。

注释：

1. 梨园：唐明皇教人练习歌舞的地方。
2. 弟子：中国古代称呼唱戏、唱歌、跳舞的艺人。
3. 白发：白头发。
4. 新：新长出来。
5. 椒房：原来指皇后的住房，这里指杨贵妃的住房。椒：花椒。
6. 阿监：皇宫中女官的名称。
7. 青娥：年轻美丽的少女。
8. 老：变老。

译文：

guò qù péi yǎng de lí yuán yì rén tóu shàng　　gāng zhǎng chū le bái
过去培养的梨园艺人头上，刚长出了白
tóu fa　　dāng nián nián qīng mào měi de hòu gōng nǚ guān　　shì nǚ　　yě
头发；当年年轻貌美的后宫女官、侍女，也
zài yì tiān tiān biàn lǎo
在一天天变老。

法语翻译 Traduction

1. 梨园（lí yuán）：L'endroit où Minghuang donne des cours de danse et de chant.

2. 弟子（dì zǐ）：Dans la Chine antique，nom d'une artiste qui joue l'opéra，chante ou danse.

3. 白发（bái fà）：Les cheveux blancs.

4. 新（xīn）：Apparaitre.

5. 椒房（jiāo fáng）：Chambre de la reine（la chambre de Yang Guifei）. 椒（jiāo）：Zanthoxylum.

6. 阿监（ā jiān）：Titre des fonctionnaires féminines dans le palais.

7. 青娥（qīng é）：Une belle jeune fille.

8. 老（lǎo）：Vieillir.

过去培养的梨园艺人头上，刚刚长出了白头发；当年年轻貌美的后宫女官、侍女，也在一天天变老。

Des cheveux blancs apparaissent chez les anciens chanteurs et danseurs de Liyuan；Les fonctionnaires féminines et les suivantes qui étaient jeunes et belles vieillissent jour après jour.

文化介绍 Civilisation

梨园（lí yuán）：当时是唐明皇教人练习歌舞的地方。后来人们称戏班、剧团为"梨园"，称戏曲演员为"梨园弟子"。

Lí yuán：L'endroit où Minghuang donne des cours de danse et de chant. Par la suite，on appelle les troupes de théâtre et les troupes d'opéra « li yuan ». On appelle les artistes qui jouent un opéra « li yuan di zi ».

课后练习 Exercices sur le texte

一、汉字练习 caractères

1. 官 guān 官员/军官/法官

官：后宫有很多年轻的女官。

Fonctionnaire：Il y a beaucoup de fonctionnaires féminines dans le palais.

2. 变 biàn 变成/变化/改变/变换/变形

变：当年年轻貌美的后宫女官、侍女，也在一天天变老。

Changer：Les fonctionnaires féminines et les suivantes qui étaient jeunes et belles vieillissent jour après jour.

二、语言讲解 Notes

过去培养的梨园艺人头上，刚长出了白头发。Des cheveux blancs apparaissent chez les anciens chanteurs et danseurs de Liyuan.

刚：动作行为发生在不久以前，也说"刚刚"。比如：

Venir de：L'action du passé immédiat. Par exemple：

她刚(刚)赶到飞机场，可是飞机已经起飞了。Elle vient d'arriver à l'aéroport, mais l'avion avait déjà décollé.

春天刚(刚)到来，到处都是美丽的花儿。Le printemps vient d'arriver. Il y a de belles fleurs partout.

xī diàn yíng fēi sī qiǎo rán　　gū dēng tiǎo jìn wèi chéng mián

夕殿萤飞思悄然，孤灯挑尽未成眠；

chí chí zhōng gǔ chū cháng yè　　gěng gěng xīng hé yù shǔ tiān

迟迟钟鼓初长夜，耿耿星河欲曙天。

注释：

1. 夕：傍晚。

2. 殿：宫殿。

3. 萤：萤火虫。

4. 飞：飞动。

5. 思：思念。

6. 悄然：忧伤的样子。

7. 孤灯：孤独的一盏灯。

8. 挑：拨动灯火。

9. 尽：完。

10. 未：没有。

11. 成眠：睡着。

12. 迟迟：迟缓。

13. 钟鼓：钟和鼓。中国古代晚上敲打它们来报时间。

14. 初：副词，刚刚开始。

15. 长夜：漫长的夜晚。

16. 耿耿：明亮的样子。

17. 星河：银河。

18. 欲：副词，将要。

19. 曙：天亮。

20. 天：天空。

译文：

夜晚的宫殿里，小小的萤火虫飞来飞去，让人更忧伤。唐明皇对着一盏油灯，把灯芯挑了又挑，还是孤枕难眠。迟迟到来的报时钟鼓，刚刚迎来那漫长的夜晚，银河里群星闪烁，好容易挨到了天快亮的时间。

法语翻译 Traduction

1. 夕（xī）：À la nuit tombante.

2. 殿（diàn）：Palais.

3. 萤（yíng）：Luciole aussi appellée ver luisant.

4. 飞（fēi）：Voler.

5. 思（sī）：Penser à.

6. 悄然（qiǎo rán）：État de tristesse.

7. 孤灯（gū dēng）：La lampe solitaire.

8. 挑（tiǎo）：Remonter la mèche.

9. 尽（jìn）：Fin.

10. 未（wèi）：Sans.

11. 成眠（chéng mián）：S'endormir.

12. 迟迟（chí chí）：Tard.

13. 钟鼓（zhōng gǔ）：Cloche et tambour. Dans la Chine antique, on les frappait pour annoncer l'heure.

14. 初（chū）：Adv. Tout juste.

15. 长夜（cháng yè）：La longue nuit.

16. 耿耿（gěng gěng）：Brillant.

17. 星河（xīng hé）：La voie lactée.

18. 欲（yù）：Adv. Futur.

19. 曙（shǔ）：L'aurore.

20. 天（tiān）：Le ciel.

夜晚的宫殿里，小小的萤火虫飞来飞去让人更加忧伤，唐明皇对着一盏油灯，把灯芯挑了又挑，还是孤枕难眠。迟迟到来的报时钟鼓，刚刚迎来那漫长的夜晚，银河里群星闪烁，好容易挨到了天快亮的时间。

Le soir, dans le palais, des lucioles qui voltigent ajoutent à la désolation. Minghuang remonte sans cesse la mèche de la lampe à huile, esseulé, il ne trouve pas le sommeil. Les cloches et tambours viennent juste de saluer l'arrivée de la longue nuit que déjà la foule des étoiles dans la voie lactée cède difficilement la place à l'aurore.

文化介绍 Civilisation

孤枕难眠(gū zhěn nán mián)：成语。一个人睡不着。

Gū zhěn nán mián ：Expression à quatre caractères. Seul，il ne trouve pas le sommeil.

课后练习 Exercices sur le texte

一、汉字练习 Caractères

1. 盏 zhǎn　一盏灯/灯盏

盏：皇帝对着一盏油灯，睡不着。

Se dit d'une lampe：Face à une lampe，il ne trouve pas le sommeil.

2. 漫 màn　漫长/浪漫/弥漫

漫长(màn cháng)：迟迟的报时钟鼓刚刚迎来那漫长的夜晚。

Long：Les cloches et les tambours viennent juste de saluer l'arrivée de la longue nuit.

3. 烁 shuò　闪烁

闪烁(shǎn shuò)：银河里星星闪烁。

Scintiller：Des étoiles scintillent dans la voie lactée.

4. 挨 ái　挨打/挨骂/挨饿 挨(āi)：挨着/挨家挨户

挨(ái)：好容易挨到了天快亮的时间。

Attendre avec peine：Attendre difficilement l'aurore.

二、语言讲解 Notes

银河里群星闪烁，好容易挨到了天快亮的时间。

La foule des étoiles dans la voie lactée cède difficilement la place à l'aurore.

好容易：很不容易，根据上下文判断，有时候"好容易"与"好不容易"都是表示很不容易，比如：

« hǎo ròng yì » : Pas facile, selon le contexte, quelquefois « hǎo ròng yì » et « hǎo bù ròng yì » désignent tous « pas facile ». Par exemple :

我们找来找去，好(不)容易找到你说的那个火车站！

Nous avons cherché partout et trouvé difficilement la gare dont vous aviez parlée.

我好(不)容易睡着了，却又被吵醒了。

J'étais difficilement arrivé à m'endormir, mais après je me suis réveillé.

挨：后面跟"到……(具体的某一个时刻)"，表示等待。比如：

« ái » est suivi par « jusqu'à + un moment précis », en désignant l'attente.

我昨天晚上挨到三点半才睡觉。

Hier soir, je faisais traîner les choses en longueur et je ne me suis couché qu'à trois heures.

他挨到九点才出发。

Il fait traîner les choses en longueur et il n'est parti qu'à neuf heures.

yuān yāng wǎ lěng shuāng huá zhòng　　fěi cuì qīn hán shuí yǔ gòng
鸳 鸯 瓦 冷 霜 华 重 ， 翡 翠 衾 寒 谁 与 共 ？

yōu yōu shēng sǐ bié jīng nián　　hún pò bù céng lái rù mèng
悠 悠 生 死 别 经 年 ， 魂 魄 不 曾 来 入 梦 。

注释：

1. 鸳鸯瓦：一上一下，两片扣合在一起的瓦。鸳鸯：一种生活在水里的鸟，长得像鸭子但比鸭子小一些，经常是一雌一雄在一起。

2. 冷：寒冷。

3. 霜华：霜花。

4. 重：厚。

5. 翡翠衾：绣着翡翠鸟的被子。翡翠：一种鸟的名字，生活在水边，经常一雌一雄在一起，绣在被子上，象征夫妻感情好。衾：被子。

6. 谁与共：也就是"与谁共"，和谁一起共同使用。

7. 悠悠：长久，久远。

8. 生死：生和死，活着和死去。这里是说唐明皇还活着，杨贵妃已死去。

9. 别：分别。

10. 经年：经过了好几年。

11. 魂魄：在中国古代的人们想像中，认为存在一种能够脱离人的身体而独立存在的精神。

12. 曾：曾经。

13. 入梦：进入梦里面。这里说的是进入唐明皇的梦里。

译文：

fáng dǐng bīng lěng de yuān yāng wǎ shàng jié mǎn le hòu hòu de
房 顶 冰 冷 的 鸳 鸯 瓦 上 结 满 了 厚 厚 的

shuāng　　chuáng shàng xiù zhe fěi cuì niǎo de hán lěng jǐn bèi　　wǒ hé shuí
霜 ， 床 上 绣 着 翡 翠 鸟 的 寒 冷 锦 被 ， 我 和 谁

一起共拥？你已死去，我还独生，这分别多么
漫长啊，整整几年了，却从来不见你的魂
魄进入我的梦中！

法语翻译 Traduction

1. 鸳鸯瓦（yuān yāng wǎ）：Deux tuiles qui s'imbriquent. 鸳鸯（yuān yāng）：Un oiseau qui vit dans l'eau. Le canard mandarin ressemble beaucoup au canard, mais il est plus petit. On voit souvent des couples de canards mandarins.

2. 冷（lěng）：Froid.

3. 霜华（shuāng huá）：Givre en forme de fleur.

4. 重（zhòng）：Épais.

5. 翡翠衾（fěi cuì qīn）：La couverture sur laquelle on brode des martins-pêcheurs. 翡翠（fěi cuì）：Le nom d'un oiseau qui vit au bord des cours d'eau. On voit souvent un couple de martins-pêcheurs. On les brode sur la couverture, ça symbolise la bonne entente entre les époux. 衾（qīn）：La couverture.

6. 谁与共（shuí yǔ gòng）：Avec qui je partage.

7. 悠悠（yōu yōu）：Longtemps.

8. 生死（shēng sǐ）：Vivre et mourir, vivant et mort. Minghuang est vivant mais Yang Guifei est morte.

9. 别（bié）：Se séparer.

10. 经年（jīng nián）：Après quelques années.

11. 魂魄（hún pò）：Âme raisonnable et âme sensible : dans la Chine antique, on pense que l'âme est indépendante du corps humain.

12. 曾（céng）：Autrefois.

13. 入梦（rù mèng）：Apparaître dans le rêve de Minghuang.

房顶冰冷的鸳鸯瓦上结满了厚厚的霜，床上绣着翡翠鸟的寒冷锦被，和谁一起共拥？你已死去，我还独生，这分别多么漫长啊，整整几年了，却从来不见你的魂魄进入我的梦中！

Les tuiles serrées comme des canards mandarins sont couvertes de givre épais. Avec qui est-ce que je partage la couverture froide brodée de martins-pêcheurs ? Tu es déjà morte, je vis seul. Nous nous sommes séparés depuis si longtemps. Cela fait déjà quelques années que ton âme n'est pas venue me voir dans mes rêves.

文化介绍 **Civilisation**

1. 鸳鸯（yuān yāng）：一种生活在水里的鸟，长得像鸭子但比鸭子小一些，经常是一雄一雌在一起。人们常用它们来象征夫妻感情好。

Yuān yāng : Un oiseau qui vit dans l'eau. Le canard mandarin ressemble beaucoup au canard, mais il est plus petit. On voit souvent des couples de canards mandarins, ils symbolisent une bonne entente entre les époux.

2. 翡翠（fěi cuì）：一种鸟的名字，生活在水边，毛色艳丽，也是一雄一雌经常在一起。绣在被子上，象征夫妻感情好。

Fěi cuì : Nom d'un oiseau qui vit au bord des cours d'eau, possédant des plumes de couleursvives. On voit souvent un couple de martins-pêcheurs. On les brode sur la couverture, ils symbolisent une bonne entente entre les époux.

课后练习 Exercices sur le texte

一、汉字练习 Caractères

1. 霜 shuāng 冰霜/风霜

霜：房顶冰冷的鸳鸯瓦上结满了厚厚的霜。

Givre：Les tuiles serrées comme des canards mandarins sont couvertes de givre épais.

2. 魂 hún 魂魄/灵魂

魂魄（hún pò）：整整几年了，却从来不见你的魂魄进入我的梦中。

L'âme：Cela fait déjà quelques années que ton âme n'est pas venue me voir dans mes rêves.

二、语言讲解 Notes

整整几年了，却从来不见你的魂魄进入我的梦中！

Cela fait déjà quelques années que ton âme n'est pas venue me voir dans mes rêves !

从来：从开始一直到现在，常常和"不/没有"连用，比如：

De tout temps：Depuis le commencement ; qui est utilisé souvent avec « ne », Par exemple :

我从来不抽烟。Je ne fume jamais.

他从来没有去过北京。Il ne va jamais à Pékin.

lín qióng dào shì hóng dū kè　　néng yǐ jīng chéng zhì hún pò
临 邛 道 士 鸿 都 客 ， 能 以 精 诚 致 魂 魄 ：

wèi gǎn jūn wáng zhǎn zhuǎn sī　　suì jiào fāng shì yīn qín mì
为 感 君 王 展 转 思 ， 遂 教 方 士 殷 勤 觅 。

注释：

1. 临邛：一个地方的名字，在今天的四川省。

2. 道士：中国古代炼造丹丸、修道求仙的人。

3. 鸿都：汉代洛阳的一个宫门的名字，这里指代都城长安。

4. 客：从外地过来的人。

5. 能：能够。

6. 以：介词，用。

7. 精诚：真诚。

8. 致：引来。

9. 为：因为。

10. 感：感动。

11. 君王：皇帝。这里指唐明皇。

12. 展转：翻来覆去的样子。

13. 思：思念。

14. 遂：于是，就。

15. 教：让，使，派。

16. 方士：道士，中国古代自称能够访仙炼丹以求长生不老的人。

17. 殷勤：努力。

18. 觅：寻找。

译文：

yǒu gè lín qióng lái de dào shì zàn shí zuò kè zài dū chéng　　tā
有 个 临 邛 来 的 道 士 暂 时 作 客 在 都 城 ， 他能用诚心招来死者的魂魄。因为被唐明皇反复思念爱妃的深情感动，于是这个临邛来的道士去辛勤寻找。

法语翻译 Traduction

1. 临邛(lín qióng)：Linqiong, nom d'une région. À présent, dans la province du Sichuan.

2. 道士 (dào shì)：Taoïste. Dans la Chine antique, ceux qui pratiquent l'alchimie et cherchent à devenir immortels.

3. 鸿都(hóng dū)：Nom de la porte d'un palais, désigne ici la capitale Chang'an.

4. 客(kè)：Ceux qui viennent de la province.

5. 能(néng)：Pouvoir.

6. 以(yǐ)：Prép. Par.

7. 精诚(jīng chéng)：Sincérité.

8. 致(zhì)：Attirer.

9. 为(wèi)：Pour.

10. 感(gǎn)：Être touché.

11. 君王(jūn wáng)：Le souverain.

12. 展转(zhǎn zhuǎn)：Se tourner et se retourner dans le lit.

13. 思(sī)：Penser à.

14. 遂(suì)：Adv. Alors.

15. 教(jiào)：Laisser.

16. 方士 (fāng shì)：Dans la Chine antique, celui qui prétend qu'il peut trouver l'immortalité et pratiquer l'alchimie.

17. 殷勤(yīn qín)：S'efforcer de.

18. 觅(mì)：Chercher.

有个临邛来的道士暂时作客在都城，他能用诚心招来死者的魂魄。因为被唐明皇反复思念爱妃的深情感动，于是这个临邛来的方士去辛勤寻找。

Un moine taoïste qui vient de Linqiong est alors reçu comme invité dans la capitale parce qu'il a le pouvoir de communiquer avec les âmes des morts. Les gens éprouvant de la compassion pour le malheur de l'Empereur, demandent à ce moine taoïste de faire tout son possible pour trouver l'âme de Yang Guifei.

文化介绍 Civilisation

临邛（lín qióng）：著名的历史文化名城，距今已有 2300 多年的历史，在今天的四川省。

Lín qióng : Une ville célèbre qui a une longue histoire derrière elle et qui a plus de 2 300 ans. À présent, elle est située dans la province du Sichuan.

课后练习 Exercices sur le texte

一、汉字练习 Caractères

1. 暂 zàn　暂时／短暂

暂时（zàn shí）：有个临邛来的道士暂时住在都城。

Pour un temps : Un moine taoïste qui vient de Linqiong est alors reçu comme invité dans la capitale pour un moment.

2. 诚 chéng　诚心/诚挚/真诚/诚实/忠诚

诚心（chéng xīn）：他的诚心可以招来死者的魂魄。

Sincérité：Sa sincérité lui donne le pouvoir de communiquer avec les âmes des morts.

3. 感 gǎn　感动/感激/感觉/感兴趣/感受/好感/感到/情感/感冒

感动（gǎn dòng）：人们被唐明皇思念爱妃的深情感动。

Être touché：Les gens éprouvant de la compassion pour le malheur de l'Empereur.

4. 勤 qín　辛勤/勤劳/勤奋/勤俭/勤恳

辛勤（xīn qín）：他们让这个临邛来的道士去辛勤寻找。

S'efforcer de：Ils demandent à ce moine taoïste de faire tout son possible pour la retrouver.

5. 寻 xún　寻找/寻求

寻找（xún zhǎo）：这个道士去寻找她的魂魄。

Chercher：Ce moine cherche l'âme de Yang Guifei.

二、语言讲解 Notes

因为被唐明皇反复思念爱妃的深情感动，于是这个临邛来的道士去辛勤寻找。

Les gens éprouvant de la compassion pour le malheur de l'Empereur, demandent à ce moine taoïste de faire tout son possible pour retrouver l'âme de Yang Guifei.

于是：连词，表示一件事情承接着另一件事情发生，有时也表示因果关系。比如：

« yú shì »：Conjonction；désigne un événement qui se passe après un autre événement；ou sert à marquer une relation de cause à effet. Par exemple：

考试的时候，她觉得自己做错了，于是又检查了一遍。Au cours de l'examen, elle a cru qu'elle avait fait des fautes, donc elle a vérifié son texte.

他想去广州，我也想去，于是我们订了相同的航班。Il a envie d'aller à Guangzhou, moi aussi, donc nous réservons le même vol.

pái yún yù qì bēn rú diàn　　shēng tiān rù dì qiú zhī biàn
排 云 驭 气 奔 如 电 , 升 天 入 地 求 之 遍 ;
shàng qióng bì luò xià huáng quán　　liǎng chù máng máng jiē bú jiàn
上 穷 碧 落 下 黄 泉 , 两 处 茫 茫 皆 不 见 。

注释:

1. 排云:排开云层。
2. 驭气:驾着空气。"排空驭气"即腾云驾雾。
3. 奔:飞快地跑。
4. 如:像……一样。
5. 电:闪电。
6. 求:寻找。
7. 之:代词,她。这里是指杨贵妃。
8. 遍:全。
9. 上:向上。
10. 穷:穷尽,找遍。
11. 碧落:天上,天空,天堂。中国的道教把天界第一层称为碧落。
12. 下:向下。
13. 黄泉:地下,地府,地狱。
14. 两处:两个地方。指碧落和黄泉两个地方。
15. 皆:副词,都。
16. 不见:看不见,找不到。

译文:

tā téng yún jià wù　　xiàng yí dào shǎn diàn yí yàng bēn pǎo　　bǎ
他 腾 云 驾 雾 , 像 一 道 闪 电 一 样 奔 跑 , 把
tiān shàng dì xià dōu zhǎo le yí biàn　　xiàng shàng zhǎo biàn le zhěng gè
天 上 地 下 都 找 了 一 遍 。 向 上 找 遍 了 整 个
tiān táng　　xiàng xià zhǎo biàn le zhěng gè dì fǔ　　kě shì zhè liǎng gè
天 堂 , 向 下 找 遍 了 整 个 地 府 , 可 是 这 两 个
dì fāng dōu kàn bú jiàn tā de yǐng zǐ
地 方 都 看 不 见 她 的 影 子 。

法语翻译 Traduction

1. 排云(pái yún)：Vider l'air.

2. 驭气(yù qì)：Sur l'air.

3. 奔(bēn)：Courir vite.

4. 如(rú)：Comme.

5. 电(diàn)：Éclair.

6. 求(qiú)：Chercher.

7. 之(zhī)：Pron. La, remplace « Yang Guifei ».

8. 遍(biàn)：Tout.

9. 上(shàng)：Vers le haut.

10. 穷(qióng)：Chercher partout.

11. 碧落(bì luò)：Paradis. Dans la religion taoïste, on appelle le paradis « Bi luo ».

12. 下(xià)：En bas.

13. 黄泉(huáng quán)：Enfer.

14. 两处(liǎng chù)：Deux endroits, soit le paradis et l'enfer.

15. 皆(jiē)：Adv. Tout.

16. 不见(bú jiàn)：Ne rien voir, ne rien trouver.

他腾云驾雾，像一道闪电一样奔跑，把天上地下都找了一遍。向上找遍了整个天堂，向下找遍了整个地府，可是这两个地方都看不见她的影子。

Il traverse les nuages, fonçant aussi vite que l'éclair. Il monte au ciel, il descend sous terre. En haut, il fouille tout le paradis, en bas, il fouille tout l'enfer, mais nulle part il ne trouve la moindre trace de Yang Guifei.

文化介绍 Civilisation

1. 碧落(bì luò)：天上，天堂。中国的道教把东方第一层天称为"碧落"。

bì luò：Paradis. Dans la religion taoïste, on appelle le paradis « Bi luo ».

2. 黄泉（huáng quán）：地下，阴间。"黄泉"本来是指挖掘墓穴的时候，偶遇地下有泉水涌出，指代人死后埋葬的地方。

huáng quán：Enfer. « Huang quan » désigne l'eau de source sous le sol où on enterre les morts, désigne ici l'enfer.

课后练习 Exercices sur le texte

汉字练习 Caractères

1. 奔 bēn　奔跑/奔驰/东奔西走

奔跑（bēn pǎo）：他像一道闪电一样奔跑。

Courir vite：Il court aussi vite que l'éclair.

2. 堂 táng　天堂/食堂/礼堂/课堂

天堂（tiān táng）：向上找遍了整个天堂。

Le paradis：En haut, il fouille tout le paradis.

hū wén hǎi shàng yǒu xiān shān　shān zài xū wú piāo miǎo jiān
忽 闻 海 上 有 仙 山 ， 山 在 虚 无 缥 缈 间 ：

lóu gé líng lóng wǔ yún qǐ　qí zhōng chuò yuē duō xiān zǐ
楼 阁 玲 珑 五 云 起 ， 其 中 绰 约 多 仙 子 。

zhōng yǒu yì rén zì tài zhēn　xuě fū huā mào cēn cī shì
中 有 一 人 字 太 真 ， 雪 肤 花 貌 参 差 是 。

注释：

1. 忽：忽然。

2. 闻：听说。

3. 仙山：仙人住的山。

4. 虚无：空无所有。

5. 缥缈：隐隐约约，好像有，也好像没有。

6. 间：中间。

7. 楼阁：楼房。

8. 玲珑：精巧的样子。

9. 五云起：五色彩云在楼阁中间升起。五云：五种颜色的云，在中国古代被认为是吉祥的征兆。

10. 其中：楼阁的中间。

11. 绰约：姿态柔美的样子。

12. 多：有很多。

13. 仙子：仙女。

14. 中：里面。

15. 一人：一个人。

16. 字太真：名字叫太真。杨玉环在成为贵妃之前，曾经做过一段时间的道士，号"太真"。

17. 雪肤：像雪一样洁白的皮肤。

18. 花貌：像花一样美丽的容貌。

19. 参差：大约。

译文：

忽然听说，大海上有一座仙人居住的大山，那座山耸立在一个隐隐约约、若有若无的地方。精美的楼阁中间环绕着五彩云霞，里面住着许多姿态柔美的天仙。其中，有一个仙女名字叫太真，她有雪白的肌肤，如花一样的容颜，看起来差不多就是皇帝要找的那个杨家女孩儿。

法语翻译 Traduction

1. 忽(hū)：Soudain.

2. 闻(wén)：Entendre dire.

3. 仙山(xiān shān)：La montagne où habitent les immortels.

4. 虚无(xū wú)：Rien.

5. 缥缈(piāo miǎo)：Illusoire.

6. 间(jiān)：Au milieu de.

7. 楼阁(lòu gé)：Bâtiment.

8. 玲珑(líng lóng)：Délicat.

9. 五云起(wǔ yún qǐ)：Les nuages multicolores s'élèvent au milieu du pavillon. 五云(wǔ yún)：Dans la Chine antique, les nuages multicolores sont le symbole du bonheur.

10. 其中(qí zhōng)：Au milieu du pavillon.

11. 绰约(chuò yuē)：Des gestes gracieux.

12. 多(duō)：Il y a beaucoup de.

13. 仙子(xiān zǐ)：Une fée.

14. 中(zhōng)：Dans.

15. 一人(yì rén)：Une personne.

16. 字太真(zì tài zhēn)：Le nom est « tai zhen ». Avant de devenir Yang Guifei, Yang Yuhuan était taoïste, son nom taoïste est « Taizhen ».

17. 雪肤(xuě fū)：Peau blanche comme neige.

18. 花貌(huā mào)：La belle apparence comme une fleur.

19. 参差(cēn cī)：Environ.

忽然听说大海上有一座仙人居住的大山，那座山耸立在一个隐隐约约、若有若无的地方。精美的楼阁中间环绕着五彩云霞，里面住着许多姿态柔美的天仙。其中有一个仙女名字叫"太真"，她有着雪白的肌肤，如花一般的容颜，看起来差不多就是皇上要找的那个杨家女孩儿。

Soudain, il entend dire que sur la mer, il y a une grande montagne où vivent des immortels. Cette montagne se dresse dans un endroit inaccessible. Les beaux pavillons sont entourés de nuages de toutes les couleurs. Beaucoup de fées gracieuses y vivent. Parmi elles，il y en a une qui s'appelle Taizhen. Elle a la peau blanche comme la neige，un visage beau comme une fleur，elle ressemble à la femme de la famille Yang que l'Empereur recherche.

课后练习 Exercices sur le texte

一、汉字练习 caractères

1. 忽 hū　忽然/忽视/忽略

忽然(hū rán)：忽然听说大海上有一座大山，耸立在一个若有若无的地方。

Soudain：Soudain，il entend dire que sur la mer，cette montagne se dresse dans un endroit inaccessible.

2. 姿 zī　姿态/姿势

姿态(zī tài)：里面住着许多姿态柔美的天仙。

Des gestes：Beaucoup de fées gracieuses y vivent.

3. 雪 xuě　雪白/滑雪/雪花

雪白(xuě bái)：她有雪白的肌肤。

Blanche comme neige：Elle a la peau blanche comme la neige.

4. 差 chà　差不多/差点儿/差劲 chā：差异/误差/温差/时差/差错；chāi：出差/信差/差使；cī：参差

差不多(chà bu duō)：她看起来差不多就是皇帝要找的那个女孩儿。

À peu près：Elle ressemble à la femme de la famille Yang que l'Empereur recherche.

二、语言讲解 Notes

看起来差不多就是皇帝要找的那个杨家女孩儿。

Elle ressemble à la femme de la famille Yang que l'Empereur recherche.

差不多：表示接近，几乎。比如：

« chà bu duō »：À peu près，presque. Par exemple：

这些书差不多有五公斤。Ces livres pèsent à peu près 5 kilos.

那辆车差不多像新的一样。Cette voiture est presque neuve.

jīn què xī xiāng kòu yù jiōng　　zhuǎn jiào xiǎo yù bào shuāng chéng
金阙西厢叩玉扃，转教小玉报双成；

wén dào hàn jiā tiān zǐ shǐ　　jiǔ huá zhàng lǐ mèng hún jīng
闻道汉家天子使，九华帐里梦魂惊。

注释：

1. 金阙：阙，古代皇宫大门前两边供瞭望的楼，泛指金碧辉煌的宫殿。
2. 西厢：西边的房子。
3. 叩：轻轻地敲击。
4. 玉扃：玉做的门。扃：门。
5. 转教：托侍女通报。教(jiào)：让，使。
6. 小玉：中国古代吴国国王夫差的女儿，传说死后成了仙。
7. 报：通报。
8. 双成：董双成，传说是西天王母娘娘身边的仙女。
9. 闻道：听说。
10. 汉家：汉朝。这里实际是指唐朝。
11. 天子：皇帝。这里指唐明皇。
12. 使：使者。
13. 九华帐：绣着各种华丽图案的帷帐。
14. 梦魂：中国古代的人认为人的灵魂在睡梦时会离开肉体，所以称"梦魂"。
15. 惊：惊动。

译文：

dào shì lái dào jīn bì huī huáng de xiān gōng　　kòu dǎ xī xiāng fáng
道士来到金碧辉煌的仙宫，叩打西厢房

yòng yù zuò de yuàn mén　　xiān nǚ xiǎo yù hé shuāng chéng gǎn jǐn wǎng
用玉做的院门，仙女小玉和双成赶紧往

lǐ tōng bào xiāo xi　　tài zhēn xiān nǚ tīng shuō hàn jiā tiān zǐ pài lái le
里通报消息。太真仙女听说汉家天子派来了

shǐ chén　　jīng dòng le tā jiǔ huá zhàng lǐ chén shuì de mèng hún
使臣，惊动了她九华帐里沉睡的梦魂。

法语翻译 Traduction

1. 金阙(jīn què)：阙(què)：Bâtiments utilisés pour l'observation des deux côtés de l'ancienne porte du palais. Ici désigne le Palais doré où des immortels vivent.

2. 西厢(xī xiāng)：Chambre de l'ouest.

3. 叩(kòu)：Frapper doucement.

4. 玉扃(yù jiōng)：Porte de jade. 扃(jiōng)：Porte.

5. 转教(zhuǎn jiào)：Demander à la servante d'annoncer. 教(jiào)：Laisser, faire.

6. 小玉(xiǎo yù)：Une fille du roi Fuchai du Royaume Wu. On dit qu'elle est devenue immortelle après sa mort.

7. 报(bào)：Annoncer.

8. 双成(shuāng chéng)：On dit que c'est une fée qui sert auprès de la Reine du paradis.

9. 闻道(wén dào)：Entendre dire.

10. 汉家(hàn jiā)：La dynastie des Han, ici, fait référence à la dynastie des Tang.

11. 天子(tiān zǐ)：Le Souverain, Tang Minghuang.

12. 使(shǐ)：Un envoyé.

13. 九华帐(jiǔ huá zhàng)：Un rideau sur lequel on brode des dessins splendides.

14. 梦魂(mèng hún)：Dans la Chine antique, on pense que l'âme humaine va quitter le corps. Quand on rêve, on l'appelle « l'âme du rêve ».

15. 惊(jīng)：Sursauter.

道士来到了金碧辉煌的仙宫，叩打西厢房用玉做的院门，仙女小玉和双成赶紧往里通报消息。太真仙女听说汉家天子派来了使臣，惊动了她九华帐里沉睡的梦魂。

Le moine taoïste arrive au splendide pavillon doré des immortels. Il frappe à la porte de jade de l'aile ouest. Les fées Xiao Yu et Shuang Cheng se pressent d'annoncer son arrivée. L'esprit de la fée Taizhen, apprenant que le moine taoïste est l'envoyé de l'Empereur des Tang, se réveille en sursaut de son profond sommeil sous la moustiquaire.

文化介绍 Civilisation

1. 王母娘娘(wáng mǔ niáng niang)：传说中的上古女神，住在昆仑山。传说她的花园里种有蟠桃，吃了可以长生不老。也称"西王母"。

wáng mǔ niáng niang：La déesse antique dans la légende. Elle habite dans la montagne Kunlun. Dans son jardin, il y a des pêches plates qui aident les hommes à devenir immortels. On l'appelle aussi « XI Wangmu ».

2. 九华帐(jiǔ huá zhàng)：各种回环图案绣成的帷帐。后来指十分华丽的帐子。

jiǔ huá zhàng：Un rideau sur lequel on brode des dessins de forme circulaire. Il désigne des rideaux splendides.

3. 使臣(shǐ chén)：被皇帝派去办理事务的代表。

shǐ chén：L'envoyé, représentant envoyé par l'empereur.

课后练习 Exercices sur le texte

一、汉字练习 Caractères

1. 通 tōng 通报／通过／通知／交通／普通／普通话／沟通／通行

通报(tōng bào)：仙女小玉和双成赶紧往里通报消息。

Annoncer：Les fées Xiao Yu et Shuang Cheng se pressent d'annoncer son arrivée en toute hâte.

2. 消 xiāo 消息／取消／消费／消化／消除／消失

消息(xiāo xi)：刚刚听说了一个好消息。

Une nouvelle：Je viens d'apprendre une bonne nouvelle.

3. 派 pài 派别／学派／宗派／派出所

派：太真仙女听说汉家天子派来了使臣。

Envoyer：L'esprit de la fée Taizhen apprend que le moine taoïste est l'envoyé de l'Empereur des Tang.

二、语言讲解 Notes

仙女小玉和双成赶紧往里通报消息。

Les fées Xiao Yu et Shuang Cheng se pressent d'annoncer son arrivée en toute hâte.

赶紧：抓紧时间，一点儿也不拖延。比如：

« gǎn jǐn »：En toute hâte, sans perdre de temps, sans tarder. Par exemple：

我们得赶紧把他送去医院。Il faut que nous l'envoyions à l'hôpital sans tarder.

要下雨了，我们赶紧回家吧！Il va pleuvoir, rentrons chez nous sans tarder！

揽　衣　推　枕　起　徘　徊　，珠　箔　银　屏　迤　逦　开　；
lǎn yī tuī zhěn qǐ pái huái zhū bó yín píng yǐ lǐ kāi

云　鬓　半　偏　新　睡　觉　，花　冠　不　整　下　堂　来　。
yún jì bàn piān xīn shuì jué huā guān bù zhěng xià táng lái

注释：

1. 揽衣：把衣服拉过来。

2. 推：推开。

3. 枕：枕头。

4. 起：起床。

5. 徘徊：来回走动，形容心里拿不定主意该怎么办。

6. 珠箔：珍珠串成的门帘。

7. 银屏：镶嵌白银的屏风。

8. 迤逦：珠帘拉开时接连不断延伸的样子。

9. 开：打开，移开。

10. 云鬓：卷曲如云的头发。

11. 半偏：不整齐，向一边歪着。

12. 新睡觉：刚刚睡醒。新，副词，刚刚；觉(jué)：动词，睡醒。

13. 花冠：指妇女头上戴的装饰得非常华美的帽子。

14. 不整：不整齐，不端正。

15. 下：走下。

16. 堂：房屋中用来待客的房间。

译文：

她穿上衣裳，推开枕头下了床，犹豫很
长时间，才把珠帘子、银屏风依次打开。只见
她头上云髻半偏，睡眼蒙眬，头上的花冠
还没戴端正就走下厅堂来。

法语翻译 **Traduction**

1. 揽衣（lǎn yī）：Mettre ses vêtements.

2. 推（tuī）：Repousser.

3. 枕（zhěn）：L'oreiller.

4. 起（qǐ）：Se lever.

5. 徘徊（pái huái）：Aller et venir, hésiter. Elle ne sait pas comment faire.

6. 珠箔（zhū bó）：Le rideau de perles.

7. 银屏（yín píng）：Le paravent d'argent.

8. 迤逦（yǐ lǐ）：Prolongement oblique.

9. 开（kāi）：Ouvrir.

10. 云髻（yún jì）：Les cheveux comme des nuages.

11. 半偏（bàn piān）：Être dévié.

12. 新睡觉（xīn shuì jué）：Venir de se réveiller. 新（xīn）：Adv. Tout juste；觉（jué）：Verbe. Se réveiller.

13. 花冠（huā guān）：La couronne de fleurs que les femmes portent.

14. 不整（bù zhěng）：Désordre.

15. 下（xià）：Descendre.

16. 堂（táng）：Dans la Chine antique, « Tang » est l'endroit où l'on reçoit les invités.

她穿上衣裳，推开枕头下了床，犹豫很长时间才把珠帘子、银屏风依次打开。只见她头上云髻半偏，睡眼蒙眬，头上的花冠还没戴端正就走下厅堂来。

Elle met ses vêtements, repousse l'oreiller sur le lit. Elle hésite longtemps, enfin son rideau de perles et son paravent d'argent s'ouvrent l'un après l'autre. On ne voit que son chignon de travers, ses yeux endormis, sa couronne mal mise lorsqu'elle descend dans le hall d'entrée.

文化介绍 Civilisation

1. 屏风（píng fēng）：放在室内用来挡风或者隔断视线的用具，一般用木头或者竹子做框子，蒙上绸子或者布，有的是单扇的，有的是多扇相连且可以折叠。

píng fēng：Le paravent. Meuble servant à se protéger du vent ou à s'isoler. En général, le cadre de ce meuble est fabriqué en bois ou en bambou et est couvert de soie ou de tissu. Il y a des paravents à un panneau et des paravents à plusieurs panneaux articulés.

2. 堂（táng）：中国古代的房屋一般分前后两部分，前面是堂，主要用来和客人会面；后面是室，主要是卧室。

táng：Dans la Chine antique, la maison comprend deux parties en général：l'une dite « tang » où on reçoit les invités, l'autre dite « shi » qui toutes deux sont des chambres.

课后练习 Exercices sur le texte

一、汉字练习 caractères

1. 枕 zhěn　枕头

枕头(zhěn tou)：她穿上衣服，推开枕头下了床。

L'oreiller：Elle met ses vêtements et repousse l'oreiller sur le lit.

2. 依 yī　依次/依赖/依靠/依旧/依照

依次(yī cì)：她把珠帘子、银屏风依次打开。

L'un après l'autre：Son rideau de perles et son paravent d'argent s'ouvrent l'un après l'autre.

3. 厅 tīng　厅堂/餐厅/客厅/舞厅

厅堂(tīng táng)：她头上的花冠还没戴端正就走下厅堂来。

Le hall d'entrée：Sa couronne mal mise, elle descend dans le hall d'entrée.

二、语言讲解 Notes

(她)犹豫很长时间，才把珠帘子、银屏风依次打开。

Elle hésite longtemps, enfin son rideau de perles et son paravent d'argent s'ouvrent l'un après l'autre.

犹豫：拿不定主意。比如：

Hésiter：Être dans un état d'incertitude. Par exemple：

她犹豫了一会儿，还是打开了门。Elle hésite pendant un moment et ouvre enfin la porte.

别犹豫了，赶紧走吧！N'hésite pas, dépêche-toi！

fēng chuī xiān mèi piāo yáo jǔ　　yóu sì　　ní cháng yǔ yī wǔ
风吹仙袂飘飘举，犹似《霓裳羽衣舞》；

yù róng jì mò lèi lán gān　　lí huā yì zhī chūn dài yǔ
玉容寂寞泪阑干，梨花一枝春带雨。

注释：

1. 风吹：风吹着。

2. 仙袂：仙女衣服上的袖子。

3. 飘飘：风吹的样子。

4. 举：飞动。

5. 犹：副词，还。

6. 似：像……一样。

7. 《霓裳羽衣舞》：配合《霓裳羽衣曲》跳的舞。这里指跳《霓裳羽衣舞》的姿态。

8. 玉容：对女子容貌的美称。

9. 寂寞：脸色暗淡。

10. 泪：眼泪。

11. 阑干：纵横交错的样子。

12. 梨花：梨树的花，一般是纯白色。

13. 一枝：量词，一枝花。

14. 春：春天。

15. 带雨：带着雨滴。

译文：

fēng chuī zhe tā de yī xiù qīng qīng piāo dòng　　hái xiàng tā dāng nián
风吹着她的衣袖轻轻飘动，还像她当年
tiào　　ní cháng yǔ yī wǔ　　shí nà me ē nuó duō zī　　tā měi lì de
跳《霓裳羽衣舞》时那么婀娜多姿。她美丽的
miàn róng xiàn zài àn dàn wú guāng　　jīng yíng de lèi zhū zòng héng jiāo
面容现在暗淡无光，晶莹的泪珠纵横交
cuò　　jiù hǎo xiàng chūn tiān lǐ yī zhī dài zhe yǔ shuǐ de　lí huā
错，就好像春天里一枝带着雨水的梨花。

法语翻译 Traduction

1. 风吹（fēng chuī）：La brise souffle.

2. 仙袂（xiān mèi）：La manche du vêtement de la fée.

3. 飘飖（piāo yáo）：Ondulant.

4. 举（jǔ）：Voler.

5. 犹（yóu）：Adv. Encore.

6. 似（sì）：Comme.

7. 《霓裳羽衣舞》（ní cháng yǔ yī wǔ）：La danse pour la mélodie intitulée "ní cháng" "yǔ yī wǔ". Ici, les gestes et les figures de la danse.

8. 玉容（yù róng）：Un beau visage de femme.

9. 寂寞（jì mò）：Avoir le teint pâle.

10. 泪（lèi）：Des larmes.

11. 阑干（lán gān）：Enchevêtrement.

12. 梨花（lí huā）：Les fleurs du poirier dont la couleur est blanche.

13. 一枝（yì zhī）：Spécificatif. Une fleur.

14. 春（chūn）：Le printemps.

15. 带雨（dài yǔ）：Avec des perles de pluie.

风吹着她的衣袖轻轻飘动，还像她当年跳《霓裳羽衣舞》时那样地婀娜多姿。她美丽的面容现在暗淡无光，晶莹的泪珠在脸上纵横交错，就好像春天里一枝带着雨水的梨花。

Avec la brise, ses manches flottent doucement, elle est encore gracieuse comme à l'époque où elle dansait « ni chang yu yi wu ». Son joli teint maintenant s'est terni. Des larmes scintillantes comme des pierres de jade coulent abondamment semblables à un rameau de fleurs de poirier parsemées des gouttes de pluie au printemps.

文化介绍 Civilisation

1. 婀娜多姿（ē nuó duō zī）：成语。形容姿态柔和而美好。

ē nuó duō zī：Expression à quatre caractères qui désigne des gestes doux et gracieux.

2. 暗淡无光（àn dàn wú guāng）：成语。形容失去光彩。

àn dàn wú guāng：Expression à quatre caractères désignant l'état de se ternir.

3. 纵横交错（zòng héng jiāo cuò）：成语。横的竖的交叉在一起。

zòng héng jiāo cuò：Expression à quatre caractères désignant l'état de s'enchevêtrer.

课后练习 Exercices sur le texte

汉字练习 Caractères

1. 飘 piāo　*飘动/飘扬*

飘动（piāo dòng）：风吹着她的衣袖轻轻飘动。

Flotter：Avec la brise, ses manches flottent doucement.

2. 枝 zhī　*一枝花/荔枝/枝头*

枝（zhī）：她好像春天里一枝带着雨水的梨花。

Rameau：Elle ressemble à un rameau de fleurs de poirier parsemées des gouttes de pluie au printemps.

3. 梨 lí　*梨花/梨子*

梨花（lí huā）：白色的梨花十分漂亮。

Poirier：Les poiriers blancs sont très beaux.

hán qíng níng dì xiè jūn wáng　　yì bié yīn róng liǎng miǎo máng
含情凝睇谢君王：一别音容两渺茫。

zhāo yáng diàn lǐ ēn ài jué　　péng lái gōng zhōng rì yuè cháng
昭阳殿里恩爱绝，蓬莱宫中日月长。

注释：

1. 含情：饱含深情。

2. 凝睇：注视。

3. 谢：告诉，问候。

4. 君王：皇帝。这里指唐明皇。

5. 一别：一旦分别。

6. 音容：声音和容貌。

7. 渺茫：模糊不清的样子。

8. 昭阳殿：汉代一个宫殿的名字。这里指杨贵妃活着的时候住的宫殿。

9. 恩爱：男女之间的情爱。

10. 绝：从中间断开，断绝。

11. 蓬莱宫：这里指仙山神宫。

12. 日月：太阳和月亮。这里指时间、时光。

13. 长：漫长。

译文：

tā bǎo hán shēn qíng　　shuāng yǎn níng shì　　wěi tuō dào shì　　gào sù
她饱含深情、双眼凝视，(委托道士)告诉

huáng dì　　mǎ wéi pō shēng lí sǐ bié hòu　　nǐ de shēng yīn hé róng mào
皇帝：马嵬坡生离死别后，你的声音和容貌

dōu yuè lái yuè mó hu　　zì cóng duàn jué le rén jiān zhāo yáng diàn lǐ de
都越来越模糊。自从断绝了人间昭阳殿里的

shēn qíng hòu ài　　wǒ dú zì zài tiān táng péng lái gōng zhōng xiāo mó zhè
深情厚爱，我独自在天堂蓬莱宫中消磨这

màn cháng de shí guāng
漫长的时光。

法语翻译 Traduction

1. 含情（hán qíng）：Contenir l'affection profonde.

2. 凝睇（níng dì）：Regarder attentivement.

3. 谢（xiè）：Dire à.

4. 君王（jūn wáng）：Le Souverain, Minghuang.

5. 一别（yì bié）：Une fois séparé.

6. 音容（yīn róng）：La voix et l'apparence.

7. 渺茫（miǎo máng）：Flou.

8. 昭阳殿（zhāo yáng diàn）：Le nom d'un palais de la dynastie des Han. Il désigne le palais où Yang Gui Fei vivait avant sa mort.

9. 恩爱（ēn ài）：L'amour conjugal. C'est l'amour entre l'homme et la femme.

10. 绝（jué）：Rompre, briser.

11. 蓬莱宫（péng lái gōng）：Palais magique dans la montagne des immortels.

12. 日月（rì yuè）：Le soleil et la lune, ça désigne le temps.

13. 长（cháng）：Long.

她饱含深情、双眼凝视，（委托道士）告诉皇上：马嵬坡生离死别后，你的声音和容貌都越来越模糊。自从断绝了人间昭阳殿里的深情厚爱，我独自在天堂蓬莱宫中消磨这漫长的时光。

Contenant son affection profonde, le regard figé, elle demande au moine taoïste de dire à l'Empereur de sa part : « Depuis notre séparation au mont Mawe, le souvenir de ton visage et de ta voix, s'est petit à petit altéré. Depuis que les liens de l'amour ont été brisés dans le palais de Zhaoyang dans le monde des humains, je perds mon temps seule dans le palais de Penglai au paradis.

文化介绍 Civilisation

1. 昭阳殿（zhāo yáng diàn）：汉代一个宫殿的名字。这里指杨贵妃活着的时候住的宫殿。

zhāo yáng diàn：Le nom d'un palais de la dynastie des Han. Il désigne le palais où Yang Gui Fei vivait avant sa mort.

2. 蓬莱宫(péng lái gōng)：仙山神宫。这里指她现在住的宫殿。

péng lái gōng：Palais magique dans la montagne des immortels. Ici il désigne le palais où elle habite maintenant.

3. 生离死别(shēng lí sǐ bié)：成语。指很难再见面的离别或者永久的离别。

shēng lí sǐ bié：Expression à quatre caractères désignant la séparation à jamais ou la séparation à cause de laquelle il est difficile de se voir.

课后练习 Exercices sur le texte

一、汉字练习 caractères

1. 托 tuō　委托/寄托/摩托车

委托(wěi tuō)：她委托道士告诉皇帝。

Charger quelqu'un de faire：Elle demande au moine taoïste de dire à l'Empereur de sa part.

2. 模 mó　模糊/模型/模仿/规模

模糊(mó hu)：你的声音和容貌都越来越模糊。

Flou：Le souvenir de ton visage et de ta voix, devient petit à petit flou.

3. 断 duàn　断绝/判断/中断/断断续续

断绝(duàn jué)：断绝了在人间昭阳殿里的深情厚爱。

Briser：Depuis que les liens de l'amour ont été brisés dans le palais de Zhaoyang dans le monde des humains.

4. 独 dú　独自/独立/单独/独特/孤独

独自(dú zì)：我独自一个人在蓬莱宫中。

Seul：Je reste seule dans le palais de Penglai.

5. 磨 mó　消磨/折磨/摩擦 mò：磨米/磨豆腐/磨坊

消磨(xiāo mó)：我独自在蓬莱宫中，消磨这漫长的时光。

Perdre du temps : Je perds mon temps seule dans le palais de Penglai au paradis.

二、语言讲解 Notes

1. 马嵬坡生离死别后，你的声音和容貌都越来越模糊。

Depuis notre séparation au Ma Wei Po, le souvenir de ton visage et de ta voix, est devenu de plus en plus flou.

越来越……：数量或程度随着时间的推移而不断发展、变化。比如：

De plus en plus : Augmenter d'une façon constante avec le temps. Par exemple :

夏天到了，天气越来越热。L'été arrive et il fait de plus en plus chaud.

一天又一天，她越来越习惯在国外的生活。Les jours passent, elle s'habitue de plus en plus à la vie à l'étranger.

2. 自从断绝了人间昭阳殿里的深情厚爱，我独自在天堂蓬莱宫中消磨这漫长的时光。

Depuis que les liens de l'amour ont été brisés dans le palais de Zhaoyang dans le monde des humains, je perds mon temps seule dans le palais de Penglai au paradis.

自从：时间的起点(指过去)。比如：

Depuis que : Indique le point de départ dans le passé. Par exemple :

自从参加了体育锻炼，我的身体越来越好了。Depuis que je fais du sport, je vais mieux.

自从他们认识以后，他们常常在一起聊天。Depuis qu'ils se sont connus, ils bavardent souvent ensemble.

huí tóu xià wàng rén huán chù　　bú jiàn cháng ān jiàn chén wù
回头下望人寰处，不见长安见尘雾。

wéi jiāng jiù wù biǎo shēn qíng　　diàn hé jīn chāi jì jiāng qù
唯将旧物表深情，钿合金钗寄将去。

注释：

1. 下望：向下看。
2. 人寰：人间，人世，凡人(相对于仙人)居住生活的地方。
3. 处：地方。
4. 不见：看不见。
5. 长安：唐朝的都城。现在的陕西省西安市。
6. 尘雾：尘土和烟雾。
7. 唯：副词，只。
8. 将：拿，用。
9. 旧物：旧的东西，原来有的东西。
10. 表：表达。
11. 深情：深深的感情。
12. 钿合：也就是"钿盒"。用金花和珠宝镶饰的盒子。
13. 金钗：中国古代妇女插在发髻上的用黄金制成的首饰，由两股合成。
14. 寄将去：就是"寄去"的意思。将：助词，表示动作的方向。

译文：

huí tóu wǎng xià kàn rén jiān　　zhǐ kàn jiàn céng céng chén tǔ hé yān
回头往下看人间，只看见层层尘土和烟

wù　　kàn bù jiàn dū chéng cháng ān　　wǒ zhǐ néng ná jiù dōng xī sòng gěi
雾，看不见都城长安。我只能拿旧东西送给

jūn wáng　　biǎo dá wǒ de shēn qíng　　bǎ diàn hé　　jīn chāi liǎng jiàn dōng
君王，表达我的深情：把钿盒、金钗两件东

xī tuō rén dài gěi nǐ
西托人带给你。

法语翻译 **Traduction**

1. 下望(xià wàng)：Baisser la tête et regarder.

2. 人寰(rén huán)：Le monde humain (par opposition au monde féerique).

3. 处(chù)：L'endroit.

4. 不见(bú jiàn)：Ne rien voir.

5. 长安(cháng ān)：La capitale de la dynastie Tang. Maintenant, c'est la ville de Xi'an de la province de Shaanxi.

6. 尘雾(chén wù)：Poussière et fumée.

7. 唯(wéi)：Adv. Seulement.

8. 将(jiāng)：Prendre.

9. 旧物(jiù wù)：Les objets anciens.

10. 表(biǎo)：Exprimer.

11. 深情(shēn qíng)：Sentiment profond.

12. 钿合(diàn hé)：La boîte incrustée de gemmes et de fleurs d'or.

13. 金钗(jīn chāi)：Une sorte de bijou en or en forme de branche que les femmes de la Chine antique mettaient dans leur chignon.

14. 寄将去(jì jiāng qù)：Envoyer. 将：Particule, ici indique la direction de l'action.

回头往下看人间，只看见层层尘土和烟雾，看不见都城长安。我只能拿旧东西送给君王，表达我的深情：把钿盒、金钗两件东西托人带给你。

Baissant la tête, je regarde le monde des humains, au lieu de la capitale Chang'an, je ne vois que poussière et brume. J'offre à l'Empereur ces objets du passé pour témoigner de mon amour sans borne : une boîte incrustée d'or et une épingle à cheveux en or.

文化介绍 **Civilisation**

长安(cháng ān)：唐朝(618—907 年)的都城。现在是陕西省的省会，是世界闻名的四大文明古都之一，是中国历史上建都时间最长、建都朝代最多、影响力最大的都城之一。

　　cháng ān：La capitale de la dynastie Tang（618—907）. Maintenant，c'est le chef-lieu de la province du Shaanxi. C'est une des quatre villes anciennes qui sont célèbres dans le monde entier. C'est la capitale la plus ancienne，la plus influente du monde et qui a servi de capitale à de nombreuses dynasties dans l'histoire chinoise.

课后练习 Exercices sur le texte

汉字练习 Caractères

1. 雾 wù　　烟雾/云雾/浓雾

烟雾（yān wù）：我只看见层层的烟雾。

La fumée：Je ne vois que poussière et brume.

2. 赠 zèng　　赠送/捐赠

赠送（zèng sòng）：我只能赠送一些旧东西表达我的深情。

Offrir：Je peux juste offrir ces objets du passé pour témoigner de mon sentiment profond.

3. 达 dá　　表达/达成/转达/下达/到达

表达（biǎo dá）：赠送东西给他，表达我对他的爱。

Exprimer：Je lui offre ces objets pour témoigner de mon amour.

chāi liú yì gǔ hé yí shàn　chāi bāi huáng jīn hé fēn diàn
钗 留 一 股 合 一 扇 ， 钗 擘 黄 金 合 分 钿 ；

dàn jiào xīn sì jīn diàn jiān　tiān shàng rén jiān huì xiāng jiàn
但 教 心 似 金 钿 坚 ， 天 上 人 间 会 相 见 。

注释：

1. 钗：首饰。这里指金钗。

2. 留：留下。

3. 一股：钗由两股合成，可以分开，分开之后每一支都可以叫一股。

4. 合：也就是"盒"，盒子。这里指钿盒。

5. 一扇：盒子由盒盖和盒底两部分扣合而成，分开后上面的盖子和下面的盒底都叫可以叫一扇。

6. 钗擘黄金合分钿：这句实际的语序是"擘黄金钗分钿合"，意思是把黄金钗分成两股，把钿盒分成两扇。擘（bāi）：分开。

7. 但：副词，只要。

8. 教：使，让。

9. 心：这里指双方的感情。

10. 似：像……一样。

11. 金钿：金钗和钿盒。

12. 坚：坚固。

13. 天上：天堂，神仙住的地方。

14. 人间：人世间。

15. 会：助动词，表示可能实现。

16. 相见：见面。

译文：

jīn chāi fēn chéng liǎng gǔ　diàn hé fēn chéng liǎng shàn　jīn chāi wǒ
金 钗 分 成 两 股 、 钿 盒 分 成 两 扇 ， 金 钗 我留下一股，钿盒我留下一扇，咱们一人拿一半。

只要我们的感情像金钗、钿盒一样坚固，即

使我们一个在天上，一个在人间，但很快就

会再次见面！

法语翻译 **Traduction**

1. 钗（chāi）：Des bijoux, ici ça indique l'épingle aux branches d'or.

2. 留（liú）：Laisser.

3. 一股（yì gǔ）：Une épingle en branches comprend deux parties séparables. Après leur séparation, on appelle l'épingle en branches « yi gu ».

4. 合（hé）：La boîte. Ici désigne la boîte incrustée de gemmes et de fleurs d'or.

5. 一扇（yí shàn）：Une boîte est composée d'un couvercle et d'une base. Après leur ouverture, on appelle le couvercle ou la base « yi shan ».

6. 钗擘黄金合分钿（chāi bāi huáng jīn hé fēn diàn）：L'ordre de mots est « 擘黄金钗分钿合 », Casser l'épingle en deux parties, séparer la boîte en deux parties. 擘（bāi）：Séparer.

7. 但（dàn）：Adv. Seulement.

8. 教（jiào）：Laisser faire.

9. 心（xīn）：Désigne le sentiment mutuel.

10. 似（sì）：Comme.

11. 金钿（jīn diàn）：Épingle à cheveux d'or et la boîte incrustée de gemmes et de fleurs d'or.

12. 坚（jiān）：Ferme.

13. 天上（tiān shàng）：Le paradis où habitent les immortels.

14. 人间（rén jiān）：Le monde humain.

15. 会（huì）：Particule, indique la possibilité.

16. 相见（xiāng jiàn）：Se retrouver.

金钗分成两股、钿盒分成两扇，金钗我留下一股，钿盒我留下一扇，咱们一人拿一半。只要我们的感情像金钗、钿盒一样坚固，即使我们一个在天上，一个在人间，但很快就会再次见面！

Je fais remettre à l'Empereur deux objets : une boîte incrustée d'or et une épingle à cheveux en or : je garde une partie de chaque objet en cassant l'épingle en deux et en séparant le couvercle de la boîte. Bien que je sois au paradis et lui sur la terre, il suffit que nos cœurs soient aussi solides que l'épingle et la boîte, pour que nous puissions nous retrouver un jour.

文化介绍 Civilisation

1. 金钗(jīn chāi)：古代女子的头饰，常常用金子做成。

jīn chāi：Une sorte de bijou que les femmes de la Chine antique mettaient dans leur chignon. Il est fabriqué en or.

2. 钿盒(diàn hé)：古代女子镶嵌金、银、玉、贝等的首饰盒子。

diàn hé：Une boîte à bijoux incrustée d'or, d'argent, de jade ou de coquillages.

课后练习 Exercices sur le texte

一、汉字练习 Caractères

1. 坚 jiān　坚固/坚持/坚决/坚硬

坚固(jiān gù)：我们的感情像金钗、钿盒一样坚固。

Solide：Nos cœurs sont aussi solides que l'épingle et la boîte.

2. 虽 suī　虽然/虽说

虽然(suī rán)：虽然我们现在不在一起，但一定会有再见面的那一天。

Bien que：Bien que nous soyons séparés, nous pourrons certainement nous retrouver un jour.

二、语言讲解 Notes

只要我们的感情像金钗、钿盒一样坚固，即使我们一个在天上，一个在人间，但很快就会再次见面！

Bien que je sois au paradis et toi sur terre, il suffit que nos coeurs soient aussi solides que l'épingle et la boîte, pour que nous puissions nous retrouver un jour.

只要……，就……：连词，表示因果关系，常和"就、便"连用。比如：

Il suffit que... pour que... : Conjonction, elle signifie « à condition de..., puis que... » et est utilisée souvent avec « jiu », « bian ». Par exemple：

只要多多运动，就/便会身体健康。Il suffit de faire du sport pour être en bonne santé.

做这种工作，只要有耐心就/便够了。Il suffit d'avoir de la patience pour faire ce travail.

lín bié yīn qín chóng jì cí　　cí zhōng yǒu shì liǎng xīn zhī
临 别 殷 勤 重 寄 词 ， 词 中 有 誓 两 心 知 ；

qí yuè qí rì cháng shēng diàn　　yè bàn wú rén sī yǔ shí
七 月 七 日 长 生 殿 ， 夜 半 无 人 私 语 时 。

注释：

1. 临别：临近分别的时候。

2. 殷勤：情意深厚的样子。

3. 重：反复。

4. 寄词：转告。

5. 词：话。

6. 誓：誓言。

7. 两心知：我和他，我们两个人知道。

8. 七月七日：中国农历的七月初七。相传这一天是天上的一对恩爱夫妻牛郎和织女见面的日子，是中国的"情人节"，男女在这一天约会，表达爱意。

9. 夜半：半夜。

10. 无人：没有其他人。

11. 私语：悄悄话。

12. 时：时候。

译文：

tài zhēn xiān nǚ qíng shēn yì hòu　　dào shì lín zǒu qián　　tā yòu fǎn
太 真 仙 女 情 深 意 厚 ， 道 士 临 走 前 ， 她 又 反

fù jiāo dài　　zhè jù shì yán zhǐ yǒu jūn wáng hé wǒ liǎng gè rén zhī dào
复 交 代 ： 这 句 誓 言 只 有 君 王 和 我 两 个 人 知 道 。

qī yuè qī rì de cháng shēng diàn lǐ　　yè shēn rén jìng shí　　wǒ men dìng
七 月 七 日 的 长 生 殿 里 ， 夜 深 人 静 时 ， 我 们 定

xià le yí gè xiǎo mì mì
下 了 一 个 小 秘 密 。

法语翻译 Traduction

1. 临别（lín bié）：À l'heure des adieux.

2. 殷勤（yīn qín）：L'amour profond.

3. 重（chóng）：À nouveau.

4. 寄词（jì cí）：Confier à quelqu'un.

5. 词（cí）：Parole.

6. 誓（shì）：Serment.

7. 两心知（liǎng xīn zhī）：Être connu de nous deux.

8. 七月七日（qí yuè qí rì）：Le septième jour du septième mois lunaire en Chine. On dit qu'en ce jour le Bouvier traverse la Rivière céleste（la Voie lactée）sur un pont de pies pour rejoindre son épouse, la Tisserande. C'est le jour des amoureux（la Saint-Valentin chinoise）. Les jeunes hommes et les jeunes filles prennent rendez-vous ce jour là pour exprimer leur amour.

9. 夜半（yè bàn）：À minuit.

10. 无人（wú rén）：Personne.

11. 私语（sī yǔ）：Des termes intimes.

12. 时（shí）：Le moment.

太真仙女情深意厚，道士临走前，她又反复交待：这句誓言只有君王和我两个人知道。七月七日的长生殿里，夜深人静时我们定下了一个小秘密。

La fée Taizhen avec un amour sincère confie au moine taoïste avant son départ : ce serment n'est connu que du Souverain et de moi-même. À la fête du Double Sept, au palais de la Changsheng, vers minuit nous nous sommes jurés intimement ceci.

文化介绍 Civilisation

1. 七月七日（qī yuè qī rì）：中国农历的七月初七。相传这一天是天上的一对恩爱夫妻"牛郎"和"织女"见面的日子，是中国的"情人节"。年轻男女们常常在这一天约会，表达爱意。

qī yuè qī rì：Le septième jour du septième mois lunaire en Chine. On dit que c'est le jour du rendez-vous d'un couple épris d'amour — le Bouvier et la Tisserande. C'est la Saint-Valentin chinoise. Dans la Chine antique，les jeunes hommes et les jeunes filles prenaient rendez-vous ce jour-là pour exprimer leur amour.

2. 夜深人静(yè shēn rén jìng)：成语。深夜没有人声，非常安静。

yè shēn rén jìng：Expression à quatre caractères désignant que c'est tranquille et qu'il n'y a pas de bruit la nuit.

课后练习 Exercices sur le texte

汉字练习 caractères

1. 反 fǎn 反复/反常/反对/反映/反应/反正/相反/反问

反复(fǎn fù)：道士临走前，太真仙女又反复交代。

À plusieurs reprises：La fée Taizhen se confie à plusieurs reprises au moine taoïste avant son départ.

2. 誓 shì 誓言/发誓

誓言(shì yán)：这一句誓言只有我们两个人知道。

Serment：Ce serment n'est connu que du Souverain et de moi-même.

3. 秘 mì 秘密/秘书/神秘

秘密(mì mì)：这是一个小秘密。

Un secret：C'est un petit secret.

<ruby>在<rt>zài</rt></ruby><ruby>天<rt>tiān</rt></ruby><ruby>愿<rt>yuàn</rt></ruby><ruby>作<rt>zuò</rt></ruby><ruby>比<rt>bǐ</rt></ruby><ruby>翼<rt>yì</rt></ruby><ruby>鸟<rt>niǎo</rt></ruby>，<ruby>在<rt>zài</rt></ruby><ruby>地<rt>dì</rt></ruby><ruby>愿<rt>yuàn</rt></ruby><ruby>为<rt>wéi</rt></ruby><ruby>连<rt>lián</rt></ruby><ruby>理<rt>lǐ</rt></ruby><ruby>枝<rt>zhī</rt></ruby>。

<ruby>天<rt>tiān</rt></ruby><ruby>长<rt>cháng</rt></ruby><ruby>地<rt>dì</rt></ruby><ruby>久<rt>jiǔ</rt></ruby><ruby>有<rt>yǒu</rt></ruby><ruby>时<rt>shí</rt></ruby><ruby>尽<rt>jìn</rt></ruby>，<ruby>此<rt>cǐ</rt></ruby><ruby>恨<rt>hèn</rt></ruby><ruby>绵<rt>mián</rt></ruby><ruby>绵<rt>mián</rt></ruby><ruby>无<rt>wú</rt></ruby><ruby>绝<rt>jué</rt></ruby><ruby>期<rt>qī</rt></ruby>。

注释：

1. 在天：在天上，在天空。
2. 愿：希望。
3. 作：变作，成为。
4. 比翼鸟：传说中的一种鸟，这种鸟一定是一雄一雌一起飞。常用来比喻恩爱夫妻。
5. 在地：在地上。
6. 为：成为，变作。
7. 连理枝：两棵树不同根，但枝条却连接在一起。常用来象征深厚的爱情。
8. 天长地久：天、地存在的时间都很长久。形容时间非常长。
9. 有时：有一个时候。
10. 尽：完结，结束。
11. 此：代词，这。
12. 恨：遗憾。
13. 绵绵：连绵不断的样子。
14. 无：没有。
15. 绝：停止。
16. 期：日期。

译文：

<ruby>在<rt>zài</rt></ruby><ruby>天<rt>tiān</rt></ruby><ruby>上<rt>shàng</rt></ruby>，<ruby>愿<rt>yuàn</rt></ruby><ruby>我<rt>wǒ</rt></ruby><ruby>们<rt>men</rt></ruby><ruby>做<rt>zuò</rt></ruby><ruby>双<rt>shuāng</rt></ruby><ruby>宿<rt>sù</rt></ruby><ruby>双<rt>shuāng</rt></ruby><ruby>飞<rt>fēi</rt></ruby><ruby>的<rt>de</rt></ruby><ruby>比<rt>bǐ</rt></ruby><ruby>翼<rt>yì</rt></ruby><ruby>鸟<rt>niǎo</rt></ruby>；<ruby>在<rt>zài</rt></ruby><ruby>地<rt>dì</rt></ruby><ruby>上<rt>shàng</rt></ruby>，<ruby>愿<rt>yuàn</rt></ruby><ruby>我<rt>wǒ</rt></ruby><ruby>们<rt>men</rt></ruby><ruby>做<rt>zuò</rt></ruby><ruby>枝<rt>zhī</rt></ruby><ruby>条<rt>tiáo</rt></ruby><ruby>相<rt>xiāng</rt></ruby><ruby>连<rt>lián</rt></ruby><ruby>的<rt>de</rt></ruby><ruby>连<rt>lián</rt></ruby><ruby>理<rt>lǐ</rt></ruby><ruby>枝<rt>zhī</rt></ruby>。<ruby>天<rt>tiān</rt></ruby><ruby>和<rt>hé</rt></ruby><ruby>地<rt>dì</rt></ruby><ruby>存<rt>cún</rt></ruby><ruby>在<rt>zài</rt></ruby><ruby>的<rt>de</rt></ruby><ruby>时<rt>shí</rt></ruby><ruby>间<rt>jiān</rt></ruby><ruby>久<rt>jiǔ</rt></ruby><ruby>远<rt>yuǎn</rt></ruby>，<ruby>也<rt>yě</rt></ruby><ruby>有<rt>yǒu</rt></ruby><ruby>结<rt>jié</rt></ruby><ruby>束<rt>shù</rt></ruby><ruby>的<rt>de</rt></ruby><ruby>时<rt>shí</rt></ruby><ruby>候<rt>hòu</rt></ruby>，<ruby>可<rt>kě</rt></ruby><ruby>我<rt>wǒ</rt></ruby><ruby>们<rt>men</rt></ruby><ruby>这<rt>zhè</rt></ruby><ruby>绵<rt>mián</rt></ruby><ruby>绵<rt>mián</rt></ruby><ruby>不<rt>bú</rt></ruby><ruby>断<rt>duàn</rt></ruby><ruby>的<rt>de</rt></ruby><ruby>遗<rt>yí</rt></ruby><ruby>憾<rt>hàn</rt></ruby>，<ruby>永<rt>yǒng</rt></ruby><ruby>远<rt>yuǎn</rt></ruby><ruby>都<rt>dōu</rt></ruby><ruby>不<rt>bú</rt></ruby><ruby>会<rt>huì</rt></ruby><ruby>有<rt>yǒu</rt></ruby><ruby>结<rt>jié</rt></ruby><ruby>束<rt>shù</rt></ruby><ruby>的<rt>de</rt></ruby><ruby>时<rt>shí</rt></ruby><ruby>候<rt>hou</rt></ruby>！

法语翻译 **Traduction**

1. 在天（zài tiān）：Au ciel.

2. 愿（yuàn）：Espérer.

3. 作（zuò）：Devenir.

4. 比翼鸟（bǐ yì niǎo）：Une sorte d'oiseau dans la légende de la Chine. C'est une métaphore pour indiquer le couple.

5. 在地（zài dì）：Sur la terre.

6. 为（wéi）：Devenir.

7. 连理枝（lián lǐ zhī）：Deux arbres de racines différentes mais ayant leurs branches entrelacées. C'est le symbole de l'amour profond.

8. 天长地久（tiān cháng dì jiǔ）：Le ciel existera longtemps, la terre existera longtemps ; indique que cela dure longtemps.

9. 有时（yǒu shí）：Un moment.

10. 尽（jìn）：Finir.

11. 此（cǐ）：Pron. Ce.

12. 恨（hèn）：Le regret.

13. 绵绵（mián mián）：Sans fin.

14. 无（wú）：Sans.

15. 绝（jué）：Fin.

16. 期（qī）：Date.

在天上，愿我们做双宿双飞的比翼鸟；在地上，愿我们做枝条相连的连理枝。天和地存在的时间久远，也有结束的时候，可我们这绵绵不断的遗憾，永远都不会有结束的时候！

Au ciel, nous serons deux oiseaux volant toujours ensemble. Sur terre, nous serons deux arbres aux branches entrelacées. Le ciel et la terre dureront longtemps, mais un jour, ils disparaîtront. Notre regret, lui se perpétuera éternellement.

文化介绍 Civilisation

1. 比翼鸟（bǐ yì niǎo）：传说中的一种鸟，这种鸟一般是一雄一雌一起飞。常用来比喻夫妻。

bǐ yì niǎo：On dit que c'est une sorte d'oiseau dans la légende de la Chine. Le mâle et la femelle volent toujours ensemble. C'est une métaphore pour indiquer le couple.

2. 连理枝（lián lǐ zhī）：两棵树不同根，但枝条却连在一起。常用来象征深厚的爱情。

lián lǐ zhī：Deux arbres de racines différentes mais ayant leurs branches entrelacées. C'est le symbole de l'amour profond.

3. 双宿双飞（shuāng sù shuāng fēi）：成语。宿：睡。鸟儿睡在一起，飞在一起，比喻相爱的男女形影不离。

shuāng sù shuāng fēi：Expression à quatre caractères. « su » : dormir. Les oiseaux dorment ensemble et volent ensemble. C'est une métaphore pour indiquer des amoureux inséparables.

4. 绵绵不断（mián mián bú duàn）：成语。绵绵：延续不绝的样子。形容接连不断，一直延续下去。

mián mián bú duàn：Expression à quatre caractères. « mian mian » : sans fin. Elle désigne « durer sans interruption ».

课后练习 Exercices sur le texte

汉字练习 caractères

1. 愿 yuàn *祝愿／自愿／心愿／愿意／愿望*

愿（yuàn）：愿我们做一对比翼鸟。

Souhaiter：Je souhaite que nous soyons deux oiseaux volant toujours ensemble.

2. 存 cún　存在/生存/存放/存款/保存

存在(cún zài)：天和地存在的时间久远。

Exister，durer：Le ciel et la terre dureront longtemps.

3. 束 shù　结束/拘束/约束

结束(jié shù)：天和地也有结束的时候。

Fin：Un jour，le ciel et la terre disparaîtront.

4. 遗 yí　遗憾/遗传/遗失/遗留/遗址

遗憾(yí hàn)：可我们这绵绵不断的遗憾，永远都不会有结束的时候。

Regret：Notre regret，lui se perpétuera éternellement.

诗歌原文

长 恨 歌
Cháng Hèn Gē

汉皇重色思倾国，御宇多年求不得。

杨家有女初长成，养在深闺人未识。

天生丽质难自弃，一朝选在君王侧；

回眸一笑百媚生，六宫粉黛无颜色。

春寒赐浴华清池，温泉水滑洗凝脂；

侍儿扶起娇无力，始是新承恩泽时。

云鬓花颜金步摇，芙蓉帐暖度春宵；

春宵苦短日高起，从此君王不早朝。

承欢侍宴无闲暇，春从春游夜专夜。

后宫佳丽三千人，三千宠爱在一身。

金屋妆成娇侍夜，玉楼宴罢醉和春。

姊妹弟兄皆列土，可怜光彩生门户；

遂令天下父母心，不重生男重生女。

骊宫高处入青云，仙乐风飘处处闻。

缓歌谩舞凝丝竹，尽日君王看不足。

渔阳鼙鼓动地来，惊破《霓裳羽衣曲》。

九重城阙烟尘生，千乘万骑西南行。

翠华摇摇行复止，西出都门百余里。

六军不发无奈何，宛转蛾眉马前死。

花钿委地无人收，翠翘金雀玉搔头。

君王掩面救不得，回看血泪相和流。

黄埃散漫风萧索，云栈萦纡登剑阁。

峨嵋山下少人行，旌旗无光日色薄。

蜀江水碧蜀山青，圣主朝朝暮暮情。

行宫见月伤心色，夜雨闻铃肠断声。

天旋日转回龙驭，到此踌躇不能去。

马嵬坡下泥土中，不见玉颜空死处。

君臣相顾尽沾衣，东望都门信马归。

归来池苑皆依旧，太液芙蓉未央柳。

芙蓉如面柳如眉，对此如何不泪垂？

春风桃李花开日，秋雨梧桐叶落时。

西宫南内多秋草，落叶满阶红不扫。

梨园弟子白发新，椒房阿监青娥老。

夕殿萤飞思悄然，孤灯挑尽未成眠。

迟迟钟鼓初长夜，耿耿星河欲曙天。

鸳鸯瓦冷霜华重，翡翠衾寒谁与共？

悠悠生死别经年，魂魄不曾来入梦。

临邛道士鸿都客，能以精诚致魂魄：

为感君王展转思，遂教方士殷勤觅。

排空驭气奔如电，升天入地求之遍；

上穷碧落下黄泉，两处茫茫皆不见。

341

忽闻海上有仙山，山在虚无缥缈间：

楼阁玲珑五云起，其中绰约多仙子。

中有一人字太真，雪肤花貌参差是。

金阙西厢叩玉扃，转教小玉报双成；

闻道汉家天子使，九华帐里梦魂惊。

揽衣推枕起徘徊，珠箔银屏迤逦开；

云鬓半偏新睡觉，花冠不整下堂来。

风吹仙袂飘飖举，犹似《霓裳羽衣舞》；

玉容寂寞泪阑干，梨花一枝春带雨。

含情凝睇谢君王：一别音容两渺茫。

昭阳殿里恩爱绝，蓬莱宫中日月长。

回头下望人寰处，不见长安见尘雾。

唯将旧物表深情，钿合金钗寄将去。

钗留一股合一扇，钗擘黄金合分钿。

但教心似金钿坚，天上人间会相见。

临别殷勤重寄词，词中有誓两心知；

七月七日长生殿，夜半无人私语时。

在天愿作比翼鸟，在地愿为连理枝。

天长地久有时尽，此恨绵绵无绝期。

原文翻译

La Chanson des Regrets Éternels

L'Empereur des Han était épris de beauté féminine, il recherchait une beauté extraordinaire, mais il eut beau parcourir tout le pays pendant de nombreuses années, il n'en trouva pas. Chez les Yang, il y avait une jeune fille qui venait d'atteindre sa majorité. Mais elle vivait toujours recluse dans sa chambre. Personne ne la voyait jamais. Sa beauté innée ne pouvait être cachée. Finalement, un jour elle fut choisie pour être aux côtés de l'Empereur. Quand elle souriait en roulant des yeux doux, elle exhalait le charme et la grâce. Aucune autre belle femme des six palais n'était plus admirée.

À la fraîcheur du début du printemps, l'Empereur lui permit de se baigner dans l'étang Hua Qing. Les eaux chaudes de la source sont vraiment douces. Après le bain, sa peau blanche fine et douce brille d'un éclat incomparable. Les femmes de chambre l'aident à sortir de l'eau. Au sortir du bain alors qu'elle est languissante et sans force, elle reçoit pour la première fois les faveurs de l'Empereur. Sa chevelure est semblable à des nuages, le teint semblable, à des fleurs, les bijoux en or qui ornent son chignon se balancent quand elle marche. Derrière les rideaux magnifiques, ils passent ensemble de belles nuits d'amours. Ces nuits sont très courtes, dès qu'ils ouvrent les yeux le soleil est déjà haut dans le ciel. Dès lors, le Souverain ne va plus à l'audience du matin pour traiter des affaires du pays.

Qu'elle reçoive les faveurs du Souverain, ou qu'elle serve à un banquet, pas un instant elle ne cesse de lui faire la cour. Au printemps, elle suit le souverain au cours de ses voyages. Toutes les nuits, c'est elle qui a l'exclusivité de servir le Souverain. Bien qu'il y ait des milliers de belles concubines dans le palais, le souverain reporte l'amour de toutes les autres sur une seule. Le soir, elle se fait belle dans sa chambre somptueuse pour servir l'Empereur. L'Empereur offre un banquet dans un pavillon raffiné. À la fin du banquet, la beauté de YANG Yuhuan et la douceur de la brise printanière remplissent d'ivresse tous les convives. Ses frères et sœurs ont tous reçu des fiefs et des titres de noblesse, faisant bien des jaloux, toute sa famille a bénéficié des honneurs. Alors, dans tout le pays, les parents étaient tous convaincus qu'il fallait mieux mettre au monde des filles plutôt que des fils.

Sur la montagne Li, les toits du palais de Hua Qing où l'Empereur passe l'été, semblent pénétrer dans les nuages. Où que l'on soit on entend une musique divine, qui s'échappe du palais, portée par le vent. Dans le palais de doux chants et des danses gracieuses s'harmonisent avec le son des instruments à cordes et à vent. Le souverain enivré toute la journée de cette musique, ne se lasse pas de l'apprécier. Les tambours guerriers des rebelles de Yuyang font vibrer ciel et terre et perturbent la musique et la danse du *Chant de la robe de plumes multicolores*. Les tourbillons de fumée et de poussière de la guerre se répandent partout dans la capitale impériale de Chang'an. Les dix mille chars et cent mille cavaliers qui protègent l'Empereur s'enfuient en toute hâte, vers le sud-ouest. Le char de l'Empereur cahotant avance de manière discontinue, après avoir quitté la porte de l'ouest de Chang'an ils n'ont pu avancer que de 500 mètres, son escorte ne peut plus continuer. Que faire si l'escorte ne peut plus avancer ? Belle comme une fleur, elle finit misérablement tuée devant les chevaux des soldats.

Sa parure de fleurs, ses épingles à cheveux de jade, ses oiseaux dorés et tous ses bijoux précieux sont abandonnés par terre, personne ne les ramasse. L'Empereur se cache le visage dans les mains, il voudrait la sauver mais ne peut plus rien faire. En tournant la tête, il voit pour la dernière fois sa beauté et verse des larmes de sang. La poussière jaune se disperse partout, un vent froid siffle. Empruntant les passerelles sinueuses conduisant jusqu'au ciel, le cortège accède finalement au fort de Jian'ge. Au pied du Mont Emei, on ne voit quasiment personne. Les drapeaux de l'escorte royale ont perdu de leur splendeur, le soleil même s'est assombri. Que les rivières du Sichuan sont bleues, que les montagnes sont vertes. En les voyant, l'Empereur ne peut s'empêcher de penser jour et nuit à son amante. Dans le palais provisoire, il regarde la lune froide ; Tout ce qui croise son regard accroît sa tristesse. Dans la pluie nocturne et les bourrasques de vent, il croit entendre le tintement de grelots ; Ce n'est que le bruit de son cœur brisé.

La situation politique s'étant améliorée, l'Empereur retourne à la capitale. Quand il arrive à l'endroit où sa concubine mourut, il ne peut plus le quitter. Au pied du mont Mawei, il ne voit plus le visage de sa beauté, il ne voit plus que le lieu où elle a péri. L'Empereur et les ministres se regardent, ils ne peuvent retenir leurs larmes. Boulversés, guidés vers l'est par leurs chevaux qu'ils tiennent par les rennes, ils arrivent à la capitale Chang'an. Ils retournent dans le parc du palais, tout y est demeuré comme avant. Les délicates fleurs de lotus se reflètent dans l'étang Taiye au milieu des saules élégants du palais de Weiyang. Les fleurs de lotus tendres évoquent le visage de Yang Gui Fei et les fines feuilles des saules ses cils. L'Empereur en les voyant ne peut retenir ses larmes ! Après le printemps où la douce brise fait éclore les fleurs de pêcher et de prunier, la pluie froide de l'automne fait tomber les feuilles des platanes. Dans le palais de l'ouest et le parc du sud, les feuilles et les herbes jaunies jonchent le sol. Personne ne balaie les feuilles mortes et les fleurs flétries qui s'accumulent sur les marches. Les jardiniers qui cultivent les vergers ont des cheveux blancs. Les suivantes qui étaient jeunes et belles vieillissent jour après jour. Le soir, dans le palais, des lucioles qui voltigent ajoutent à la désolation. Ming Huang remonte sans cesse la mèche de la lampe à huile, esseulé, il ne trouve pas le sommeil. Les cloches et tambours viennent juste de saluer l'arrivée de la longue nuit que déjà la foule des étoiles dans la voie lactée cède difficilement la place à l'aurore. Les tuiles serrées comme des canards mandarins sont couvertes de givre épais. Avec qui est-ce que je partage la couverture froide brodée de martins-pêcheurs ? Tu es déjà morte, je vis seul. Nous sommes séparés depuis si longtemps. Cela fait déjà quelques années que ton âme n'est pas venue me voir dans mes rêves.

Un moine taoïste qui vient de Linqiong est alors reçu comme invité dans la capitale parce qu'il a le pouvoir de communiquer avec les âmes des morts. Les gens éprouvant de la compassion pour le malheur de l'Empereur, demandent à ce moine taoïste de faire tout son possible pour trouver l'âme de Yang Gui Fei. Il traverse les nuages, fonçant aussi vite que l'éclair. Il monte au ciel, il descend sous terre. En haut, il fouille tout le paradis, en bas, il fouille tout l'enfer, mais nulle part il ne trouve la moindre trace de Yang Gui Fei. Soudain, il entend dire que sur la mer, il y a une grande montagne où vivent des immortels. Cette montagne se dresse dans un endroit inaccessible. Les beaux pavillons sont entourés de nuages de toutes les couleurs. Beaucoup de fées gracieuses y vivent. Parmi elles, il y en a une qui s'appelle Taizhen. Elle a la peau blanche comme la neige, un visage beau comme une fleur, elle ressemble à la femme de la famille Yang que l'Empereur recherche.

Le moine taoïste arrive au splendide pavillon doré des immortels. Il frappe à la porte de jade de l'aile ouest. Les fées Xiao Yu et Shuang Cheng se pressent d'annoncer son arrivée. L'esprit de la fée Taizhen apprenant que le moine taoïste est l'envoyé de l'Empereur des Han se réveille en sursaut de son profond sommeil sous la moustiquaire.

Elle met ses vêtements, repousse l'oreiller sur le lit. Elle hésite longtemps, enfin son rideau de perles et son paravent d'argent s'ouvrent l'un après l'autre. On ne voit que son chignon de travers, ses yeux endormis, sa couronne mal mise lorsqu'elle descend dans le hall d'entrée. Avec la brise, ses manches flottent doucement, elle est encore gracieuse comme à l'époque où elle dansait « La danse de la robe de plumes multicolores » . Son joli teint maintenant s'est terni. Des larmes scintillantes comme des pierres de jade coulent abondamment semblables à un rameau de fleurs de poirier parsemées des gouttes de pluie au printemps.

Contenant son affection profonde, le regard figé, elle demande au moine taoïste de dire à l'Empereur de sa part : Depuis notre séparation au mont Mawei, le souvenir de ton visage et de ta voix, s'est petit à petit altéré. Depuis que les liens de l'amour ont été brisés dans le palais de Zhaoyang dans le monde des humains, je perds mon temps seule dans le palais de Penglai au paradis. Baissant la tête, je regarde le monde des humains, au lieu de la capitale Chang'an, je ne vois que poussière et brume. J'offre à l'Empereur ces objets du passé pour témoigner de mon amour sans borne. Je fais remettre à l'Empereur deux objets : une boîte incrustée d'or et une épingle à cheveux en or. Je garde une partie de chaque objet en cassant l'épingle en deux et en ouvrant le couvercle de la boîte. Bien que je sois au paradis et lui sur la terre, il suffit que nos cœurs soient aussi solides que l'épingle et la boîte, pour que nous puissions nous retrouver un jour.

La fée Taizhen avec un amour sincère confie au moine taoïste avant son départ : ce serment n'est connu que du souverain et de moi-même. À la fête du Double Sept, au palais de Changsheng, vers minuit nous nous sommes jurés intimement ceci : « Au ciel, nous serons deux oiseaux volant toujours ensemble. Sur terre, nous serons deux arbres aux branches entrelacées. Le ciel et la terre dureront longtemps, mais un jour, ils disparaîtront. Notre regret, lui se perpétuera éternellement. »